国家级职业教育规划教材
全国高等职业院校电子商务专业教材

网店视觉设计

陈一维◎主编

中国劳动社会保障出版社

简　介

本教材为全国高等职业院校电子商务专业教材，由人力资源社会保障部教材办公室组织编写。教材主要介绍了网店视觉设计概论、图片处理技能、基础工具抠图、图像色彩处理、网店首页视觉设计、网店推广图视觉设计、网店详情页视觉设计、移动端网店视觉设计、网店视觉优化等内容。

本教材以“项目—任务”形式编写，设计了项目引入、项目背景、任务引入、任务分析、相关知识、任务实施、任务评价、思考拓展等多个栏目，形式生动丰富，语言简练通俗，易于学生理解并将理论知识转化为实践，从而适应职业岗位的需要。教材中所有素材图片扫描书中二维码即可查看。

本教材由陈一维任主编，孔明、刘淼、陆宏菊、李峰、刘晖、刘艳平参与编写。

图书在版编目（CIP）数据

网店视觉设计 / 陈一维主编 .-- 北京：中国劳动社会保障出版社，2023
全国高等职业院校电子商务专业教材
ISBN 978-7-5167-5939-4

Ⅰ.①网…　Ⅱ.①陈…　Ⅲ.①网店－设计－高等职业教育－教材　Ⅳ.①F713.361.2

中国国家版本馆 CIP 数据核字（2023）第 085904 号

中国劳动社会保障出版社出版发行
（北京市惠新东街 1 号　邮政编码：100029）
*
北京市白帆印务有限公司印刷装订　　新华书店经销

787 毫米 ×1092 毫米　16 开本　16 印张　339 千字
2023 年 7 月第 1 版　　2023 年 7 月第 1 次印刷
定价：47.00 元

营销中心电话：400-606-6496
出版社网址：http://www.class.com.cn
http://jg.class.com.cn

前言

近年来，我国电子商务取得显著成就，电子商务已经全面融入我国生产生活各领域，成为提升人民生活品质和推动经济社会发展的重要力量。电子商务的新业态、新模式发展也创造了大量新职业、新岗位，对电子商务从业人员的职业素质提出了新要求。为了培养更加符合电商技术领域和职业岗位（群）工作要求的高素质应用型人才，我们组织有关行业企业专家、职业院校电商专业学科带头人、骨干教师，依据电子商务师国家职业技能标准和企业实际需求，研发了这套全国高等职业院校电子商务专业教材。

新编写的教材具有以下主要特点：

1. 着眼电商企业新技术、新业态发展，构建满足企业用人需求的专业教材体系

本套教材立足电商企业技术服务与运营推广的岗位架构，围绕电商直播、短视频制作与推广、跨境电子商务等新技术与新业态，构建了由专业基础课程教材、专业核心课程教材和专业拓展课程教材组成的教材体系，主要包括《电子商务基础》《电子商务法律法规》等专业基础课程教材，《商品图片拍摄与处理》《网店视觉设计》《网站设计与开发》等技术与服务类专业核心课程教材，《网店运营实务》《跨境电子商务实务》《电商直播》等运营与推广类专业核心课程教材，以及《电子商务会计》《电子商务物流》等专业拓展课程教材，以岗位工作为导向，以综合职业能力为核心，培养符合企业需求的电商应用型人才。

2. 积极创新教材编写模式，注重实践能力培养

在教材研发过程中，坚持产教融合、工学一体的职业教育理念，对于技术技能型课程，积极探索按照职业领域典型工作任务，以工作过程为主线，以综合职业能力为目标，体现项目导向、任务驱动、工学结合的教学设计。对于专业理论课程，则尽可能多地引入企业真实案例、素材等，以提高学生的工作实践能力。

3. 开发多种教学资源，提供优质教学服务

在教学服务方面，围绕主教材，配套开发电子课件和相应的习题册，并对重点核心课程开发操作演示视频、微课、素材库等数字资源，方便教师教学和学生自主学习。电子课件及习题册答案可登录技工教育网（jg.class.com.cn）查询下载，数字化配套商品扫

描书中二维码即可在线观看。

4. 丰富教材表现形式，提高教材可读性

教材的表现形式符合职业院校学生的认知规律。通过清晰的栏目设置，增强教材的表现力，并尽可能多地以图表代替大段冗长的文字叙述，使教学内容直观明了，降低学习难度。同时，对部分教材采用四色印刷，以增强教材内容的表现效果，提高教材的时代性和可读性。

本套教材的编写工作得到了有关学校的大力支持，教材的编审人员做了大量的工作，在此我们表示衷心的感谢！同时，恳切希望广大读者对教材提出宝贵的意见和建议。

人力资源社会保障部教材办公室

目 录

项目一 网店视觉设计概论

项目引入

普通网店千千万万，优秀网店却万里挑一。由于浏览者对于网店最直观的感受来自网店的色彩、图形、文字等内容，所以网店视觉设计成为网店运营中需要解决的首要问题。

项目背景

来自职业院校的张伟、王平两位同学进入某电商公司实习，公司安排两位同学承担网店视觉设计岗位工作。

任务1 认识网店视觉设计

学习目标

1. 掌握网店视觉设计的基础知识。
2. 了解网店视觉设计的基本内容。

任务引入

在接到岗位任务后，张伟、王平两位同学需要先了解网店视觉设计工作的具体内容。

任务分析

了解网店视觉设计工作，首先要知道什么是网店视觉设计，其次要知道网店视觉设计具体包含哪些内容。

相关知识

一、网店视觉设计概述

网店上的商品琳琅满目，如何让浏览者在浏览商品时第一眼就留下深刻的印象，继而引起进一步了解的兴趣，是网店视觉设计所要解决的主要问题。

1. 视觉设计

视觉设计是使商品视觉效果更佳的艺术设计，大体可分为视觉识别设计和视觉传达设计两种。

视觉识别设计来源于企业形象识别系统，最初目的是设计一套能够将自己与其他企业区别开来的标志系统，后来逐渐演变为企业文化的外在表现部分。

视觉传达设计是以视觉媒介为载体，以文字、图形和色彩作为创作要素，利用视觉形象传达特定的信息给受众，从而对被传达对象产生影响的过程。

2. 网店视觉定位

任何一个网店都要有自己的视觉定位。和人的风格定位一样，不同类型的网店其视觉定位亦是千差万别。营销型网店的视觉定位是营造促销氛围，通过强烈的色彩突出显示促销信息，如打折、包邮、半价等优惠字眼，在价格数字上也会刻意醒目，抓住浏览者的视觉焦点。品牌型网店的视觉定位是突出品牌优势，整体突出商品、品牌的风格或商品的形象代言，以及品牌所具有的设计、工艺、质量和售后等信息，而弱化促销、价格等信息。服务关系型网店的视觉定位是包装服务形象，简明扼要地传达服务业务范围，简洁或温馨地展示服务的专业性，激发浏览者的购买欲望。

二、网店视觉设计岗位概述

网店视觉设计岗位是负责网店页面美化及用户体验设计的工作岗位，该岗位人员需要从平台规则、用户喜爱等多个角度出发，对 Web 端页面、移动端页面进行美化，同时注重交互设计与用户体验，设计出更具商业价值的页面。

网店视觉设计岗位主要涉及的工作如下。

1. 商品拍摄

在网站中，商品图片是最基本的素材，因此拍摄商品图片是网店视觉设计的主要工作之一。

2. 商品图片处理

对拍摄好的商品图片进行处理，可以有效地提高商品的成交转化率，所以商品图片的效果处理也是网店视觉设计工作之一。

3. 店铺首页设计

首页是一个店铺的门面，对于品牌形象的展现至关重要。如何使首页设计贴合品牌形象，是网店视觉设计需要解决的任务之一。

4. 日常的店铺后台维护

网店视觉设计还包括对店铺后台进行日常维护，如页面装修、图片空间上传及替换、商品上架及商品描述修改等。

5. 商品描述页设计

商品的描述是让浏览者产生购买行为最重要的因素之一，商品描述页的设计重点是精准提炼商品卖点并完美地展现出来。

6. 配合店铺运营制作相关活动图和营销图片

网店除了日常维护工作外还要参加平台的活动，所以结合店铺活动，制作吸引眼球的活动图和营销图片也是网店视觉设计的任务之一。

7. 制作钻展图或直通车图片

制作钻展图或直通车图片主要目的是为店铺引流，通过图片的视觉设计吸引注意力，提高点击量，从而达到为店铺活动造势和增加品牌曝光率的目的。

任务实施

1. 各小组梳理完成“网店视觉设计概述”和“网店视觉设计岗位要求”的思维导图。

2. 利用思维导图将本任务所学到的知识点进行小组讨论与总结，并撰写学习报告。

任务评价

任务完成后，请根据表 1-1-1 对小组任务完成情况进行评价。

表 1-1-1　　小组任务完成情况评价表

任务编号		任务名称		
小组名称		小组成员		
评价项目	评价内容	评价分值	得分	备注
信息收集	信息途径及资料收集整理情况	10		
掌握程度	熟练程度、应用条件	10		
计划制订	时间合理，分工明确，指令清晰	20		
执行过程	实施顺利，完成规定动作	25		
成果输出	成果有效，达到目标要求	20		
团队意识	小组合作，服从安排	5		
时间管理	遵守计划安排，规定时间完成	5		
学习态度	积极、主动、探究	5		

思考拓展

1. 网店视觉定位有哪些?
2. 网店视觉设计岗位涉及哪些具体工作?

任务 2　认识网店视觉设计常用工具

学习目标

1. 熟悉网店视觉设计的常用软件。
2. 掌握网店视觉设计的图像基础知识。

任务引入

在了解网店视觉设计的具体内容后，张伟、王平两位同学需要进一步了解使用什么工具才能进行网店视觉设计。

任务分析

了解网店视觉设计的工具，重点是了解网店视觉设计的常用软件及其他辅助软件。

相关知识

一、Photoshop 软件

Photoshop 软件是由 Adobe Systems 公司开发的专业图形图像处理软件，具有强大的编辑与绘图功能，是平面设计人员的必备工具。

随着网络技术和电子商务的发展，能够熟练灵活地运用 Photoshop 软件，已经成为电商行业视觉设计从业者的必备技能。下面以 Photoshop CC 版本为例，了解该软件的工作界面，掌握基本操作和相关图像处理基础知识。

1. 工作界面介绍

Photoshop 工作界面主要由菜单栏、工具箱、选项栏、面板组、工作区和状态栏组成，如图 1-2-1 所示。

从图中可以看到各组成部分的具体形态及位置，其中除菜单栏外，其他部分的位置都是可以适当调整的。

● 菜单栏位于界面顶端，通过各个命令菜单提供对 Photoshop 的绝大多数操作及窗口的定制，包括“文件”“编辑”“图像”“图层”“文字”“选择”“滤镜”“3D”“视

图 1-2-1 Photoshop 工作界面

图”“窗口”和“帮助”等菜单命令。

● 工具箱提供了强大的工具，包括选择工具、绘图工具、填充工具、编辑工具、颜色选择工具、屏幕视图工具、快速蒙版工具等。在工具箱中，有的工具图标右下方有一个黑色的小三角◢，表示该工具图标是一个有隐藏工具的工具组。

● 选项栏也叫工具选项栏或属性栏，默认位于菜单栏的下方，可以通过拖动手柄区来移动。选项栏的参数是不固定的，它可以随着所选工具的不同而改变。用户选择工具箱中的任意一个工具后，都会在 Photoshop 的界面中出现相对应的选项栏。

● 面板组位于工作界面的右侧，是处理图像时不可或缺的部分，可以完成各种图像处理操作和工具参数的设置。

● 工作区为界面的主要区域，也称编辑区或文档窗口区。该区域为打开、绘制、编辑等图像操作实施的主要区域。当同时打开多个文档时，文档以标题选项卡的形式显示在顶部，方便用户选择。

● 状态栏位于 Photoshop 文档窗口的底部，用来缩放和显示当前图像的各种参数信息以及当前所用的工具信息。

2. 基本操作

Photoshop 的基本操作包括新建文件、打开文件、置入文件、导入与导出文件、保存文件、关闭文件、复制文件等。下面主要介绍文件的新建、打开和保存操作。

（1）新建文件

执行“文件>新建”命令或者按【Ctrl+N】组合键，打开如图 1-2-2 所示的“新建”对话框，在对话框中可以设置文件的名称、尺寸、分辨率、颜色模式等。

图 1-2-2　“新建”对话框

• 宽度和高度：设置文件的宽度和高度，单位有像素、英寸、毫米、点、派卡和列。

• 分辨率：设置文件的分辨率大小，单位有“像素 / 英寸”和“像素 / 厘米”两种。分辨率越高，印刷出来的质量就越好。

• 颜色模式：设置文件的颜色模式及相应的颜色深度，包括位图、灰度、RGB 颜色、CMYK 颜色和 Lab 颜色。

• 背景内容：也称背景，即画布颜色，可设置为白色、透明色或背景色。

（2）打开文件

在 Photoshop 中打开文件的方式有很多种，如图 1-2-3 所示。

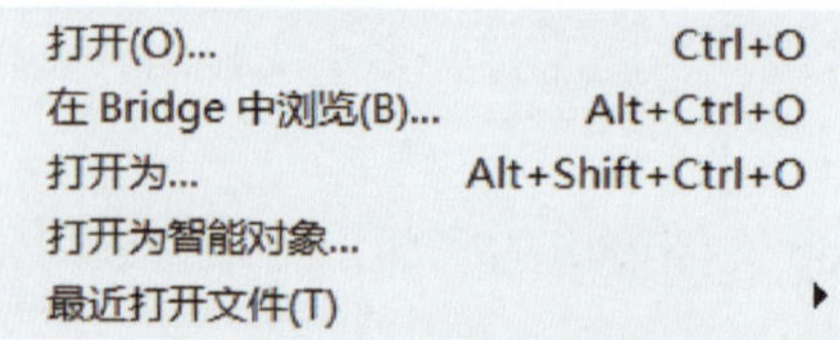

图 1-2-3　打开文件的方式

• 用“打开”命令打开文件：执行“文件>打开”命令，然后在弹出的“打开”对话框中选择需要打开的文件，接着单击“打开”按钮即可打开该文件。

• 用“打开为”命令打开文件：执行“文件>打开为”命令，弹出“打开为”对话框，在此对话框中选择需要打开的文件，并且可以设置所需要的文件格式。

• 用“最近打开文件”命令打开文件：执行“文件>最近打开文件”命令，在其下拉菜单中可以选择最近使用的 10 个文件。

● 用快捷方式打开文件：如果已经运行了 Photoshop，这时候只需要将要打开的文件拖拽到 Photoshop 的窗口中，即可打开文件。

（3）保存文件

文件编辑完成后需要进行保存操作，Photoshop 保存文件的方式主要有两种，如图 1-2-4 所示。

图 1-2-4　保存文件的方式

● 用“存储”命令保存文件：执行“文件>存储”命令或按【Ctrl+S】组合键，可以对文件进行保存。

● 用“存储为”命令保存文件：如果需要将文件保存到另一个位置或使用另一个文件名进行保存，就可以通过执行“文件>存储为”命令或按【Shift+Ctrl+S】组合键来完成。

● 执行“存储”和“存储为”命令均会弹出“存储为”对话框，在此对话框中可选择保存路径、设置保存文件名以及保存文件类型等。

3. 图像基础

为了更好地学习 Photoshop，下面对一些图像基本概念进行简单介绍。

（1）位图图像

位图图像也称为点阵图像，是由许多点组成的，其中每一个点称为像素，而每个像素都有一个明确的颜色。在处理位图图像时，所编辑的是像素，而不是对象或形状。位图图像与分辨率有关，也就是说它们包含固定数量的像素。因此，如果在屏幕上对它们进行缩放或以低于创建时的分辨率来打印，将丢失其中的细节，并会呈现锯齿状。

（2）矢量图形

矢量图形也称为向量图形，是由被称为矢量的数学对象定义的线条和曲线组成的。矢量根据图像的几何特性描绘图像。矢量图形与分辨率无关，可以将它们缩放到任意尺寸，也可以按任意分辨率打印，而不会丢失细节或降低清晰度。因此，矢量图形在标志设计、插图设计及工程绘图上占有很大的优势。

由于计算机显示器呈现图像的方式是在网格上显示，所以矢量数据和位图数据在屏幕上都会显示为像素。

（3）像素

像素是构成位图的基本单位。一张位图是由在水平及垂直方向上的若干像素组成的。像素是一个个有色彩的小方块，每一个像素都有其明确的位置及色彩值。像素的位置及色彩值决定了图像的效果。一个图像文件的像素越多，包含的信息量就越大，文件也越大，图像的品质也就越好。将一张位图放大后即可看到一个个像素。

（4）分辨率

图像分辨率即图像中每个单位面积内像素的多少，通常用“像素 / 英寸”（ppi）或“像素 / 厘米”表示。相同打印尺寸的图像，高分辨率比低分辨率包含更多的像素，因而像素点也较小。例如，分辨率为 72 ppi 的图像每平方英寸包含 5 184 个像素，分辨率为 300 ppi 的图像每平方英寸包含 90 000 个像素。

（5）常用的图像颜色模式

颜色模式决定了如何描述和重现图像的色彩。在 Photoshop 中，常用的颜色模式有 RGB 颜色模式、CMYK 颜色模式、灰度颜色模式等。

- RGB 颜色模式：该模式是 Photoshop 软件默认的颜色模式。在该模式下，图像的颜色由红（R）、绿（G）、蓝（B）3 原色混合而成。R、G、B 颜色取值的范围均为 0～255。当图像中某个像素的 R、G、B 值均为 0 时，像素颜色为黑色；R、G、B 值均为 255 时，像素颜色为白色；R、G、B 值相等时，像素颜色为灰色。
- CMYK 颜色模式：该模式是一种印刷模式，其图像颜色由青（C）、洋红（M）、黄（Y）和黑（K）4 种色彩混合而成。C、M、Y、K 的颜色变化用百分比表示，如大红色为（0、100、100、0）。在 Photoshop 中处理图像时，一般不采用 CMYK 颜色模式，因为该颜色模式下图像文件占用的存储空间较大，并且 Photoshop 提供的很多滤镜都无法使用。如果制作的图像需要用于打印或印刷，可以在输出前将图像的颜色模式转换为 CMYK 颜色模式。
- 灰度颜色模式：灰度颜色模式的图像只能包含纯白、纯黑及一系列从黑到白的灰色，不包含任何色彩信息，但能充分表现出图像的明暗信息。

（6）常用的图像文件格式

图像文件格式是指在计算机中存储图像文件的方式。每种文件格式都有自身的特点和用途，下面简要介绍几种常用的图像文件格式。

- PSD 格式：该格式是 Photoshop 软件中使用的一种标准图像文件格式，可以保留图像的图层信息、通道蒙版信息等，便于后续修改和特效制作。一般在 Photoshop 中制作和处理的图像建议存储为该格式，以最大限度地保存数据信息，待制作完成后再转换成其他图像文件格式，进行后续的排版、拼版和输出工作。
- JPEG 格式：JPEG 是目前所有格式中压缩率最高的格式。大多数彩色和灰度图像都使用 JPEG 格式压缩图像，压缩比很大而且支持多种压缩级别，当对图像的精度要求不高而存储空间又有限时，JPEG 是一种理想的文件格式。
- BMP 格式：BMP 是 DOS 和 Windows 兼容计算机系统的标准图像文件格式。BMP 格式支持 1、4、24、32 位的 RGB 位图，但不支持 Alpha 通道。
- TIFF 格式：TIFF 是一种包容的图像文件格式，被所有绘画、图像编辑和页面排版应用程序支持。几乎所有的桌面扫描仪都可以生成 TIFF 图像，而且 TIFF 格式还可加入作者、版权、备注以及自定义信息，存放多幅图像。

- PDF 格式: PDF 用于 Adobe Acrobat 软件。PDF 格式包含矢量和位图图形，也包含电子文档查找和导航功能。

- PNG 格式: PNG 格式可以以任何颜色深度存储单个光栅图像，是一个与平台无关的格式。作为 Internet 文件格式，与 JPEG 格式的有损耗压缩相比，PNG 格式提供的压缩量较少，对多图像文件或动画文件不提供支持。

- GIF 格式：该格式可在各种图像处理软件中使用，是经过压缩的文件格式，因此一般占用空间较小，适合于网络传输，常用于存储动画效果图片。

二、Illustrator 软件

Illustrator 软件简称 AI，通常用于制作矢量图，在网店视觉设计中主要作为辅助软件。

1.Illustrator 的工作界面

Illustrator 的工作界面主要由菜单栏、工具选项栏、选项卡、图像编辑窗口、状态栏、控制区、工具箱和控制面板等部分组成，如图 1-2-5 所示。

图 1-2-5 Illustrator 的工作界面

2. Illustrator 的菜单栏

菜单栏位于界面顶部，为所有的窗口提供菜单控制作用。菜单栏包括文件、编辑、对象、文字、选择、效果、视图、窗口、帮助 9 项菜单选项，单击其中任意一个菜单选项都会弹出相应的对话框，在下拉菜单中也会有各项命令，可以根据图片处理的需求来选择相应的功能选项，如图 1-2-6 所示。

Ai 文件(F) 编辑(E) 对象(O) 文字(T) 选择(S) 效果(C) 视图(V) 窗口(W) 帮助(H)

图 1-2-6 Illustrator 菜单栏

下面按顺序分别介绍菜单栏的主要功能。

- 文件菜单：主要功能是对文件进行编辑，如新建文件、打开文件、储存文件、导入文件、导出文件等。
- 编辑菜单：主要功能是编辑图像，如还原、剪切、拷贝、粘贴、填充、描边，还有图片制作的定义画笔、定义图案预设等。
- 对象菜单：主要功能是调整图片，如变换、排列、编组、取消编组、切片、混合、实时临摹等。
- 文字菜单：主要功能是对文字图层进行编辑，如字体、大小、字形、路径文字、复合文字等。
- 选择菜单：主要功能是对图层选区进行调整，如扩大、缩小、羽化、平滑、变换选区等。
- 效果菜单：主要功能是提供丰富的图片处理效果，如 3D 效果、扭曲和变换效果、风格化效果等。
- 视图菜单：主要功能是对图像的预览进行控制，如放大、缩小、实际比例、显示、标尺、对齐等。
- 窗口菜单:主要功能是显示或者隐藏 Illustrator 的各项工作界面，如工作区、图层、外观、文字、画笔等。
- 帮助菜单：主要功能是对 Illustrator 的帮助和支持中心等进行设置。

3. Illustrator 的选项卡

选项卡主要是显示打开的图像文件的名称，选项上最右侧为最小化、最大化及关闭按钮。

如果同时打开多个图像，图像的名称会依次并列显示在选项卡左侧，如图 1-2-7 所示。

未标题-1 @ 149% (CMYK/预览) × 未标题-2* @ 149% (CMYK/预览) × 未标题-3* @ 300% (CMYK/预览) ×

图 1-2-7 Illustrator 的选项卡

如想分开编辑选项卡中并列显示的图像，只需将鼠标移至要编辑的图像名称处右击，将图像直接拖拽出即可。

4. Illustrator 的工具箱

工具箱中不同的工具可以用来编辑图片、选择图层、移动图像等，运用工具箱内不同工具可以制作出各种不同的图像效果。同时，为了方便操作，每个工具都设有组合键，在相对应的组合键指令输入状态下，可以快速选择工具箱中的工具，如图 1-2-8 所示。

5. Illustrator 的控制面板

控制面板是 Illustrator 中进行颜色选择、编辑图层、通道、路径、撤销编辑等操作的主要功能面板，它是工作界面的主要组成部分，如图 1-2-9 所示。

图 1-2-8　Illustrator 工具常用组合键

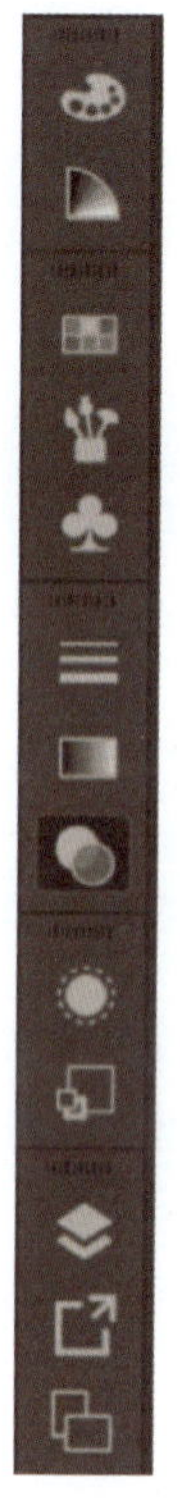

图 1-2-9　Illustrator 的控制面板

（1）图层面板

图层面板负责 Illustrator 中所有图层的管理和编辑操作，如新建图层、新建图层组、图层分组、删除图层、复制图层、图层调整编辑等，如图 1-2-10 所示。

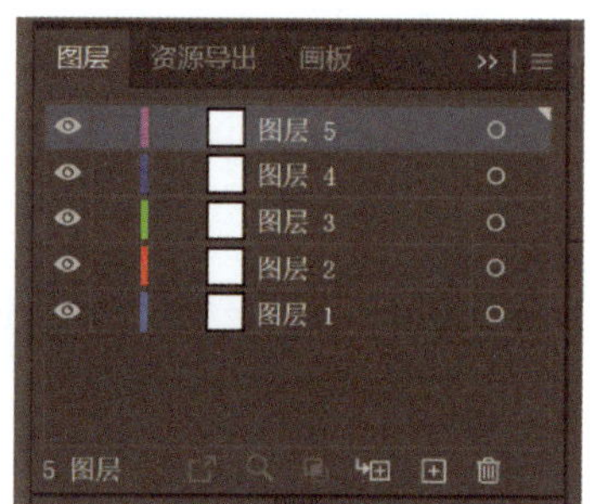

图 1-2-10　Illustrator 图层面板

（2）字符面板

在图像中创建文字后，可以通过字符面板对创建的文字进行编辑和修改，还可以显示并设置相关的文字属性，如字体样式、字体大小、字体间距等，如图 1-2-11 所示。

图 1-2-11 Illustrator 字符面板

字符面板并不是出现在默认面板中，要执行“窗口＞文字＞字符”菜单命令，才可以打开字符面板，如图 1-2-12 所示。

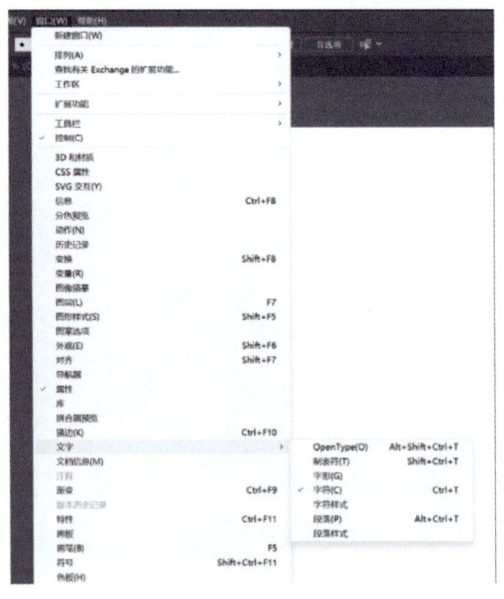

图 1-2-12 Illustrator 字符面板打开命令

三、其他工具

除 Photoshop、Illustrator 这两个常用软件外，在网店视觉设计中还会使用一些其他的辅助软件。

1. Dreamweaver 软件

Dreamweaver 软件主要用于网站的编辑和切图，如图 1-2-13 所示。

2. Coreldraw 软件

Coreldraw 软件的功能与 Illustrator 软件功能类似（见图 1-2-14），都是矢量设计软件，但 Coreldraw 更侧重于印刷排版，在网店视觉设计中应用相对较少。

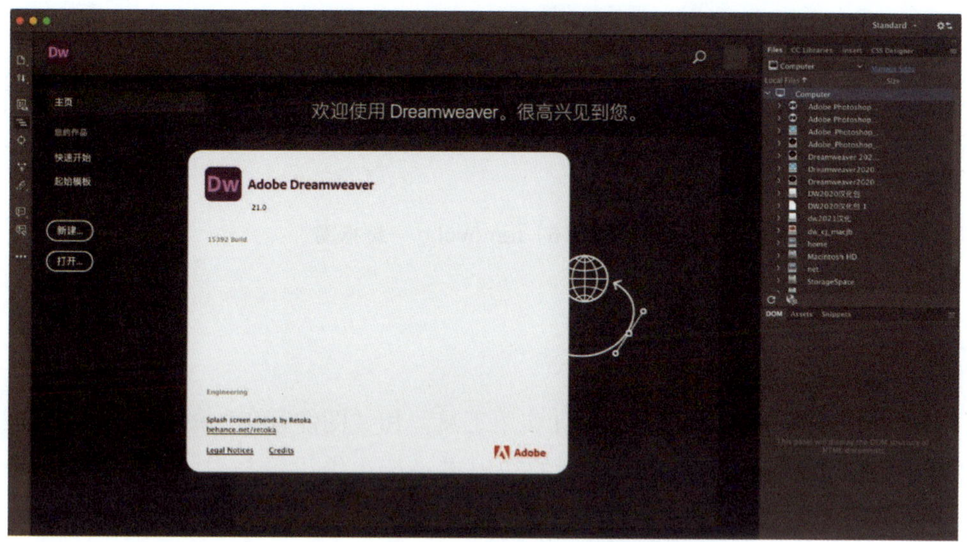

图 1-2-13　Dreamweaver 工作界面

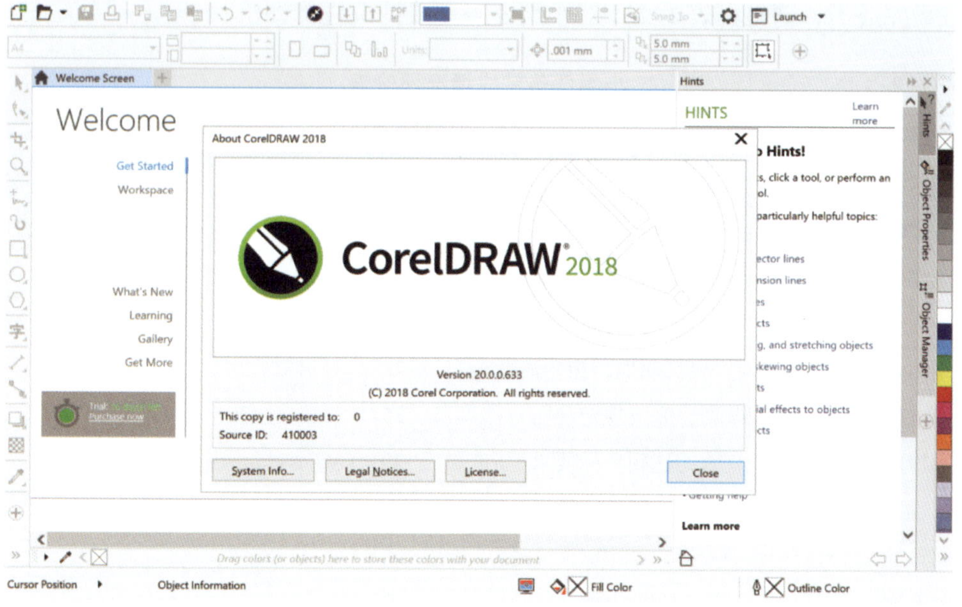

图 1-2-14　Coreldraw 工作界面

3. 其他辅助软件

除以上这些专业软件外还有一些针对性比较强的软件，如能够实现淘宝、1688 一键换主图的鹿班设计，能够快速抠图处理的顽兔，能够一键抠背景的 removebg（见

图 1-2-15）等，这些软件可以帮助设计人员快速完成网店视觉的搭建。

图 1-2-15　removebg 一键抠图

任务实施

1. 各小组梳理完成“网店视觉设计实用工具”和“图像基础”的思维导图。

2. 利用思维导图将本任务所学到的知识点进行小组讨论与总结，下载 Photoshop、Illustrator 软件并尝试使用。

任务评价

任务完成后，请根据表 1-2-1 对小组任务完成情况进行评价。

表 1-2-1　　小组任务完成情况评价表

任务编号		任务名称		
小组名称		小组成员		
评价项目	评价内容	评价分值	得分	备注
信息收集	信息途径及资料收集整理情况	10		
掌握程度	熟练程度、应用条件	10		
计划制订	时间合理，分工明确，指令清晰	20		
执行过程	实施顺利，完成规定动作	25		
成果输出	成果有效，达到目标要求	20		
团队意识	小组合作，服从安排	5		
时间管理	遵守计划安排，规定时间完成	5		
学习态度	积极、主动、探究	5		

思考拓展

1. 查找网店视觉设计常用软件的组合键。

2. 除本任务介绍的软件外，还有哪些软件可以用于网店视觉设计？

项目二　图片处理技能

项目引入

在网上销售商品，千言万语都不如一张好图有说服力。图片的好坏对商品的销售具有重要的作用。

项目背景

张伟、王平两位同学接触到的第一项实操工作就是对一批商品图片进行初步处理，以备后续平台装修使用。

任务1　校正和裁剪图片

学习目标

1. 熟悉并掌握图片校正的要点。
2. 熟悉并掌握裁剪工具的使用要点。
3. 能够根据具体应用，灵活选择裁剪工具裁剪图片。

任务引入

张伟、王平接到工作任务后，对图片进行了认真分析，发现部分场景图片存在倾斜问题，还有部分图片在拍摄时存在多余的背景，使得商品本身过小，需要进行调整。他们决定选择 Photoshop 裁剪工具组进行处理。

任务分析

倾斜的图片可以进行校正，商品过小问题可以通过裁剪掉多余部分来解决。

相关知识

一、基础知识

1. 裁剪工具

裁剪工具是将图片中被裁剪工具选取的图像区域保留，其他区域删除的一种工具。裁剪目的是移去部分图像以形成突出或加强的构图效果。选择裁剪工具后，会弹出“裁剪工具”选项栏，如图 2-1-1 所示。

图 2-1-1 “裁剪工具”选项栏

● 下拉按钮：单击“裁剪工具”选项栏左侧的下拉按钮，可以打开工具预设选取器（见图 2-1-2），在工具预设选取器里可以选择预设的参数对图像进行裁剪。

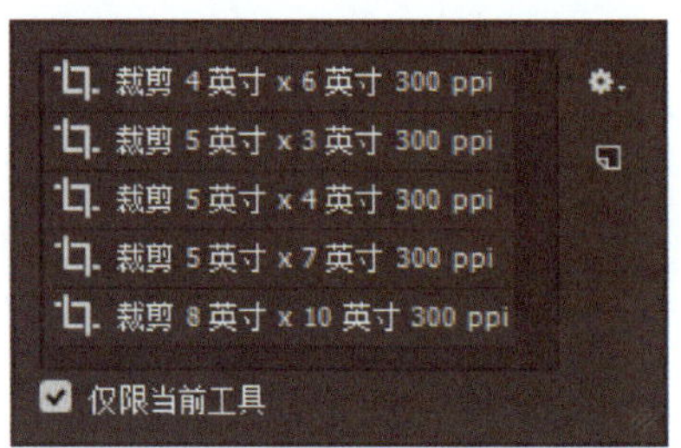

图 2-1-2 工具预设选取器

● 裁剪比例：该按钮可以显示当前的裁剪比例或设置新的裁剪比例，如图 2-1-3 所示。如果图像中有选区，则按钮显示为选区。

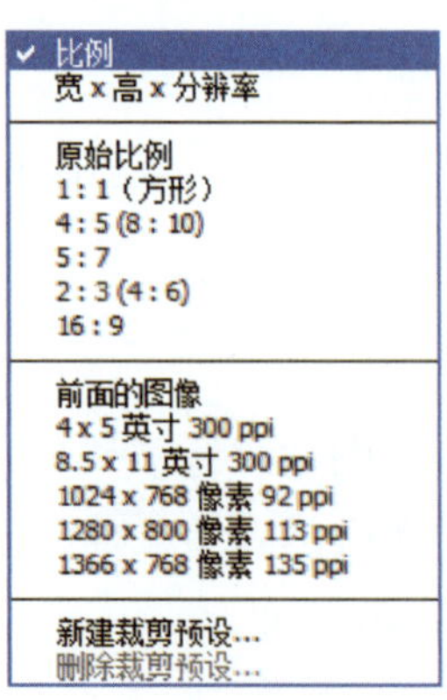

图 2-1-3 显示或设置裁剪比例

● 裁剪输入框：可以自由设置裁剪的长宽比。

● 拉直：可以矫正倾斜的图像。使用拉直工具在图像中拉出一条直线，图像自动按照直线旋转为正常角度。

● 视图：可以设置裁剪框的视图形式，如黄金比例和金色螺线等，可以参考视图辅助线裁剪出完美的构图，具体选择如图 2-1-4 所示。

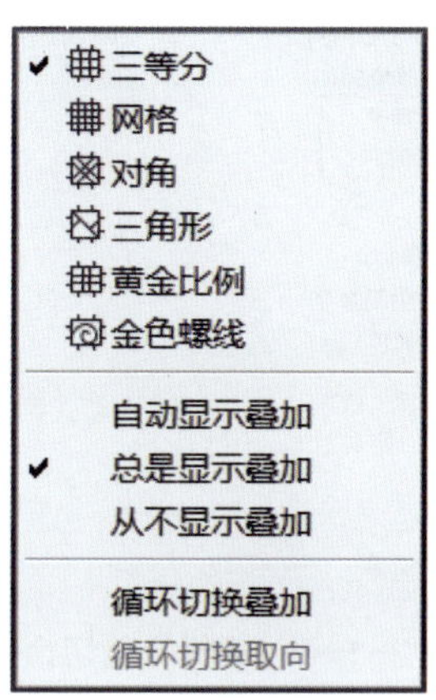

图 2-1-4　设置裁剪框的视图形式

● 其他裁剪选项：可以设置裁剪的显示区域以及裁剪屏蔽的颜色、不透明度等。

● 删除裁剪像素：勾选该选项后，裁剪完成后的图像将不可更改；不勾选该选项，裁剪完成后，选择裁剪工具并单击图像区域仍可显示裁剪前的状态，并且可以重新调整裁剪框。

2. 透视裁剪工具

透视裁剪工具可以在裁剪的同时方便地矫正图像的视觉错误，其工具选项栏如图 2-1-5 所示。

图 2-1-5　“透视裁剪工具”选项栏

● 参数输入框：在框中可以输入需要的尺寸。

● 单位：单击该按钮可以设置裁剪后图像的单位。

● 前面的图像：单击该按钮可以使裁剪后的图像与之前打开的图像大小相同。

● 清除：单击该按钮可以清除输入框中的数值。

● 显示网格：勾选“显示网格”，显示裁剪框的网格；不勾选，则仅显示外框线。

3. 裁剪与裁切命令

裁剪与裁切命令在菜单的“图像”选项卡中，如图 2-1-6 所示。

● 裁剪命令：执行“图像>裁剪”命令，即可裁去选区外的区域，其效果类似于裁剪工具。

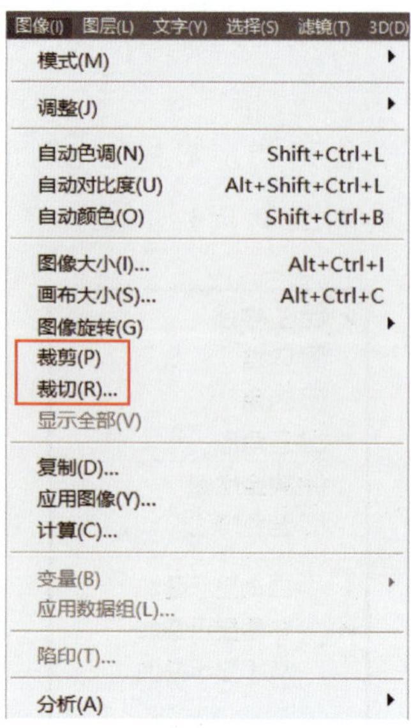

图 2-1-6　裁剪与裁切命令

● 裁切命令：裁切命令通过移去不需要的图像数据来裁剪图像，其所用的方式与裁剪命令所用方式不同，可以通过裁切周围的透明像素或指定颜色的背景像素来裁剪图像。

二、商品素材图片校正与裁剪

本例将对大枣商品素材图片进行倾斜校正和裁剪，采用 Photoshop 中的裁剪工具进行制作。具体操作如下：

1. 执行“文件>打开”命令，导入“项目二任务 1 素材 1”素材图片，如图 2-1-7 所示，可以看出图片中商品图像存在倾斜问题（如图中示意箭头所示）。

图 2-1-7　导入“项目二任务 1 素材 1”素材图片

2. 选择左侧工具箱中的裁剪工具，单击选项栏中图标，然后在图片上按下鼠标左键沿着框的边缘画线（见图 2-1-8），松开鼠标出现定界框，如图 2-1-9 所示。

图 2-1-8　画线效果

图 2-1-9　裁剪定界框效果

3. 调整边框，按【Enter】键，或者单击选项栏的对号，完成裁剪，如图 2-1-10 所示。

图 2-1-10　校正倾斜效果

4. 执行菜单“文件>存储为”命令，选择存储位置和存储格式，单击“保存”按钮存储文件，如图 2-1-11 所示。

图 2-1-11　存储文件

5. 执行“文件>打开”命令，导入“项目二任务 1 素材 2”素材图片，如图 2-1-12 所示，可以看出图片中商品图像占比较小，商品的特征不够突出。

图 2-1-12　导入“项目二任务 1 素材 2”素材图片

6. 选择裁剪工具，在图像上按下鼠标左键进行拖动，确定裁剪框，如图 2-1-13 所示，框中高亮显示，框外颜色暗沉。

图 2-1-13　确定裁剪框

7. 将鼠标停放在裁剪框的边上，可以调整裁剪框的大小，在裁剪框内拖动，则可以拖动底下的图像。调整完成后，按【Enter】键或者单击选项栏的对号完成裁剪，效果如图 2-1-14 所示，存储文件后即完成裁剪制作。

图 2-1-14　裁剪后效果

任务实施

1. 各小组梳理完成“图像倾斜校正思路”和“图像裁剪思路”的思维导图。
2. 利用思维导图将本任务所学到的知识点进行小组讨论与总结。
3. 为下图进行校正或裁剪操作。

任务评价

任务完成后，请根据表 2-1-1 对小组任务完成情况进行评价。

表 2-1-1　　小组任务完成情况评价表

任务编号		任务名称		
小组名称		小组成员		
评价项目	评价内容	评价分值	得分	备注
信息收集	信息途径及资料收集整理情况	10		
掌握程度	熟练程度、应用条件	10		
计划制订	时间合理，分工明确，指令清晰	20		
执行过程	实施顺利，完成规定动作	25		
成果输出	成果有效，达到目标要求	20		
团队意识	小组合作，服从安排	5		
时间管理	遵守计划安排，规定时间完成	5		
学习态度	积极、主动、探究	5		

思考拓展

1. 裁剪工具与透视裁剪工具的区别有哪些？
2. 从裁剪效果的角度考虑，商品图片在进行裁剪时需要注意哪些问题？

任务 2　修复图片

学习目标

1. 熟悉并掌握修复图片的方法。
2. 熟悉并掌握修复图片的工具。
3. 能够根据需求对图片进行修复。

任务引入

张伟、王平接到一批商品的拍摄图片，在正式使用之前，需要对部分有瑕疵的图片进行适当美化和修复。

任务分析

商品的拍摄图片中，有的图片中有污点，可以选用修复工具组进行修复；有的图片不够美观，可以用仿制图章工具进一步美化；有的图片中带有水印等不需要的内容，可以用内容识别工具进行处理。

相关知识

一、基础知识

1. 污点修复画笔工具

污点修复画笔工具能够自动将需要修复区域的纹理、光照、透明度和阴影等元素与图像自身进行匹配，快速修复污点。“污点修复画笔工具”选项栏如图 2-2-1 所示。

图 2-2-1　“污点修复画笔工具”选项栏

其中部分选项的含义如下：

- 模式：从选项栏的“模式”下拉菜单中选取混合模式。选择“替换”可以在使用柔边画笔时，保留画笔描边边缘处的杂色、胶片颗粒和纹理。
- 类型：近似匹配，使用选区边缘周围的像素来查找要用作选定区域修补的图像区域。如果此选项的修复效果不能令人满意，可以还原修复并尝试“创建纹理”选项。创建纹理时，使用选区中的所有像素创建一个用于修复该区域的纹理。如果纹理不起作用，可尝试再次拖过该区域。

● 对所有图层取样：如果在选项栏中选择“对所有图层取样”，可以从所有可见图层中对数据进行取样。如果取消选择“对所有图层取样”，则只能从当前图层中取样。

2. 修复画笔工具

修复画笔工具可以将取样点的像素信息复制到图像需要修复的位置，并保持图像的亮度、饱和度和纹理等属性。“修复画笔工具”选项栏如图 2-2-2 所示。

图 2-2-2 “修复画笔工具”选项栏

其中部分选项的含义如下：

● 画笔：可以选择修复画笔的大小或笔刷样式。单击画笔右侧的扩展按钮，即可弹出“画笔”面板，可以在此设置画笔的直径、硬度和压力大小等。

● 模式：指定混合模式。单击右侧扩展按钮可选择复制像素或填充图案与底图的混合模式。选择“替换”可以在使用柔边画笔时，保留画笔描边边缘处的杂色、胶片颗粒和纹理。

● 源：指定用于修复像素的源。“取样”可以使用当前图像的像素，“图案”可以使用某个图案的像素。选择“取样”后，按住【Alt】键在图像中单击可以取样，松开鼠标后在图像中需要修复的区域涂抹即可。如果选择了“图案”，可从“图案”弹出面板中选择一个图案。

● 对齐：选择“对齐”可以连续对像素进行取样，即使释放鼠标按钮，也不会丢失当前取样点。如果取消选择“对齐”，则会在每次停止并重新开始绘制时使用初始取样点中的样本像素。

● 样本：从指定的图层中进行数据取样。要从当前图层及其下方的可见图层中取样，应选择“当前和下方图层”；要仅从当前图层中取样，应选择“当前图层”；要从所有可见图层中取样，应选择“所有图层”；要从调整图层以外的所有可见图层中取样，应选择“所有图层”，然后单击“取样”弹出菜单右侧的“忽略调整图层”图标。

选择修复画笔工具，按住【Alt】键，当鼠标指针呈⊕状时，在图像中没有污损的地方单击进行取样，然后松开【Alt】键，单击有污损的地方，即可将刚才取样位置的图像复制到当前单击位置。

3. 修补工具

修补工具可以用图像中其他区域来修补当前选择的需要修补的区域，也可以使用图案进行修补。修补工具可以在工具箱中直接单击选择或按组合键【Shift+J】，其工具选项栏如图 2-2-3 所示。

图 2-2-3 “修补工具”选项栏

其中部分选项的含义如下：

- 选区的运算：共包含四种方式，即新选区、添加到选区、从选区减去和与选区交叉。
- 修补：包括正常和内容识别两个选项。“内容识别”选项可以自动识别图像像素并修复图像，使修复的图像效果更自然。
- 源/目标：用来设置修补方式。如果选择“源”，将选区拖至要修补的区域后，放开鼠标就会用当前选区中的图像修补原来选中的内容；如果选择“目标”，则会将选中的图像复制到目标区域。
- 透明：勾选该项后，可以使修补的图像与原图像产生透明的叠加效果。
- 使用图案：在图案下拉面板中选择一个图案后，单击该按钮，可以使用图案修补选区内的图像。

修补工具在需要修补的区域中按住鼠标绘制选区，绘制完成后拖动鼠标至比较理想的地方，松开鼠标即完成修补。

4. 内容感知移动工具

内容感知移动工具可以选择和移动图像的一部分，并自动填充移走后留下的区域。使用内容感知移动工具时先要为需要移动的区域创建选区，然后将选区拖到所需位置即可。

“内容感知移动工具”选项栏如图 2-2-4 所示。

图 2-2-4 “内容感知移动工具”选项栏

其中，“模式”选项包含“移动”和“扩展”两种。选择“移动”选项，可以将选取的区域内容移到其他位置，并自动填充原来的区域；选择“扩展”选项，则将选取的区域内容复制到其他位置。

5. 红眼工具

红眼工具可移去用闪光灯拍摄的人像或动物图片中的红眼，也可以移去用闪光灯拍摄的动物图片中的白色或绿色反光。

“红眼工具”选项栏如图 2-2-5 所示。

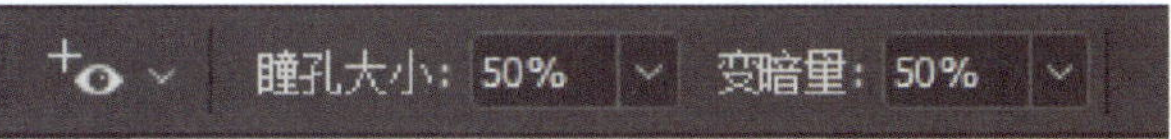

图 2-2-5 “红眼工具”选项栏

其参数含义如下：

- 瞳孔大小：增大或减小受红眼工具影响的区域。
- 变暗量：设置校正的暗度。

红眼工具的使用方法非常简单，只需要在工具栏中设置好参数，然后在图像中红眼位置单击鼠标左键，即可修复红眼。如果对效果不满意，可还原修正，在选项栏中修改参数，然后再次单击红眼区域即可。

6. 仿制图章工具

使用仿制图章工具可以从图像中取样，然后将样本应用到其他图像或同一图像的其他部分，也可以将一个图层的一部分仿制到另一个图层。选择仿制图章工具，在其工具选项栏中选择合适的画笔大小，然后将鼠标指针移动到图像窗口中，按住【Alt】键的同时单击取样，然后移动指针到当前图像的其他位置或另一幅图像中，按住鼠标左键并拖动即可复制取样的图像。

7. 图案图章工具

图案图章工具可以用图案绘画，可以从图案库中选择图案或者创建自己的图案。选择图案图章工具，选择图案库中想要的图案，然后移动鼠标指针到图像中，按住鼠标左键并拖动即可复制取样的图案。

二、商品素材图片美化与修复

本例大枣商品素材图片中，大枣的剖切面上有很多碎枣皮和斑点，选用污点修复画笔进行美化；左侧大枣上有个颜色暗沉的黑点，选用修复画笔进行取样修复。同时，图片所铺的麻布上有污渍和文字等不需要的内容，选用修补画笔或内容识别填充的方式进行处理。具体操作如下：

1. 执行“文件>打开”命令，导入“项目二任务 2 素材”素材图片，如图 2-2-6 所示。

图 2-2-6　导入“项目二任务 2 素材”素材图片

2. 选择左侧工具箱中的污点修复画笔工具，选项栏中画笔大小设置为 50 像素，按住【Alt】键，向上滚动滚轮，放大查看中间被剖开的大枣（见图 2-2-7），可以看到明显的碎枣皮和小斑点等污点，移动鼠标直接单击进行美化，效果如图 2-2-8 所示。

图 2-2-7　放大查看大枣污点

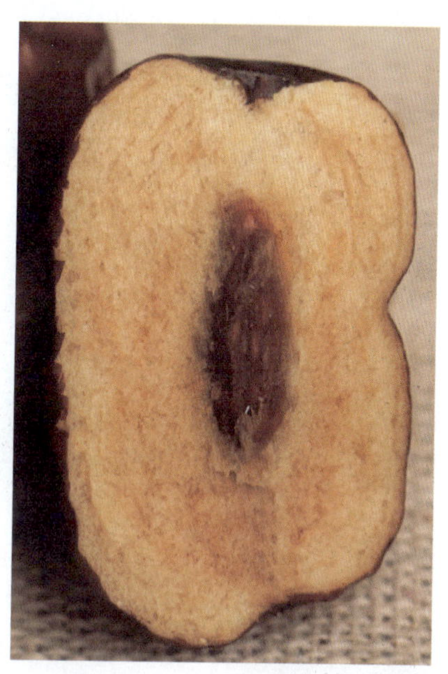

图 2-2-8　污点修复后的大枣

3. 大枣右侧有一个小凹陷，需要进一步美化。选择工具箱中的仿制图章工具，选项栏中设置大小为 200 像素，按住【Alt】键，在大枣边缘处单击取样（见图 2-2-9），然后在小凹陷处单击进行仿制，进行多次单击美化后的效果如图 2-2-10 所示。

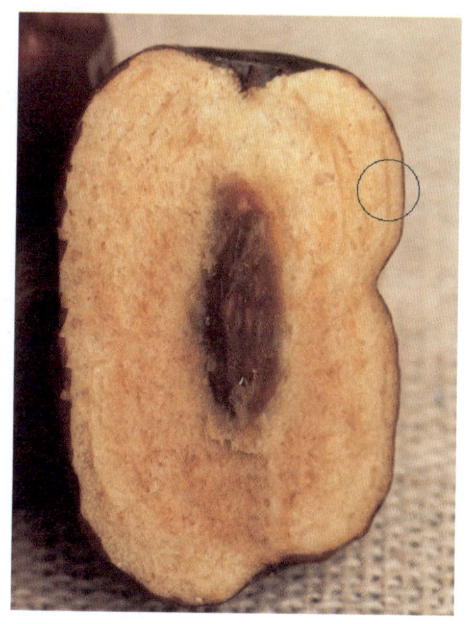

图 2-2-9　取样位置

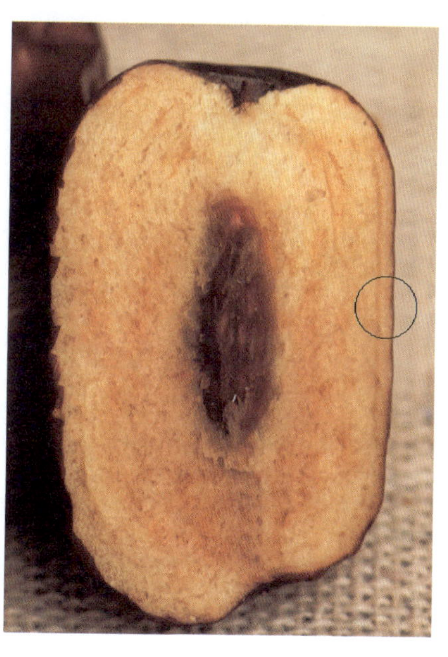

图 2-2-10　美化后效果

4. 按住空格键，向右拖动图片，将左侧有黑色斑点的大枣移动到中间位置，进一步进行污点修复。选择工具箱中的修复画笔工具，设置大小为 175 像素，按住【Alt】键在大枣完好的地方单击取样（见图 2-2-11），然后在黑色斑点上单击进行污点修复。进行多次取样和修复后的效果如图 2-2-12 所示。

图 2-2-11　有污点的大枣及取样点

图 2-2-12　修复后的大枣

5. 按【Alt】键向下滚动滚轮，缩小查看图片，准备修复麻布上的黑色污点。选择工具箱中的修补工具，按住鼠标左键画圈选中污点（见图 2-2-13），向右拖动图片至没有污点的地方，然后松开鼠标，效果如图 2-2-14 所示，按组合键【Ctrl+D】取消选区，完成此处污点修复。

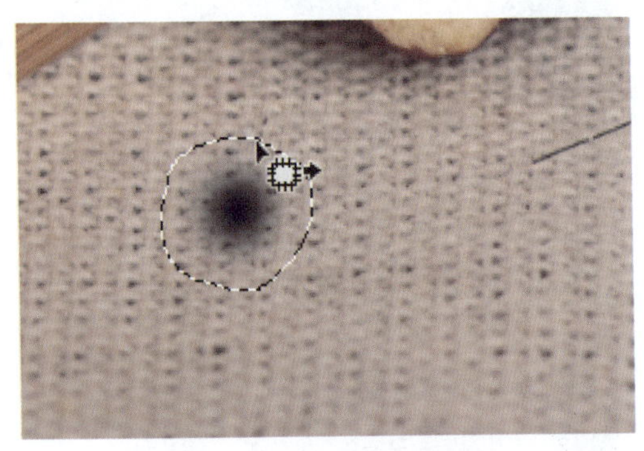

图 2-2-13　选中污点处

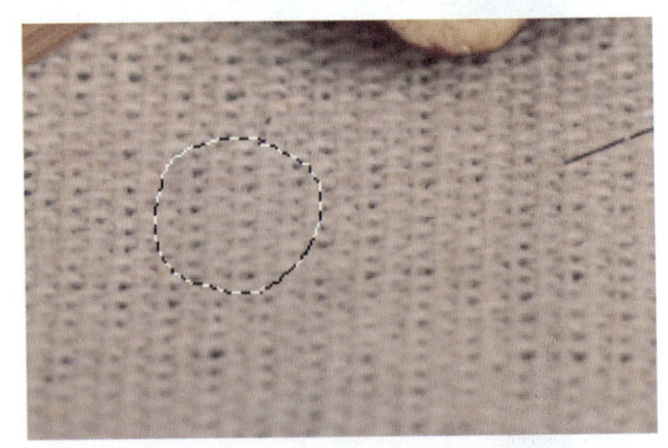

图 2-2-14　修复污点后效果

6. 接下来继续修复“维度摄影工作室”字样。按住鼠标左键圈中文字部分（见图 2-2-15），然后向下拖动图片至没有文字的地方，松开鼠标，取消选区，完成效果如图 2-2-16 所示。

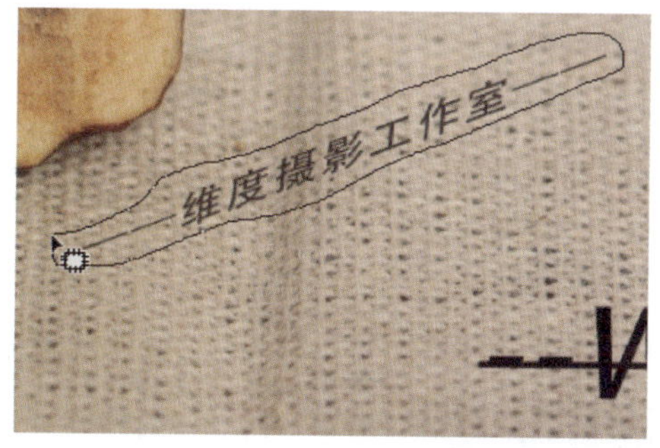

图 2-2-15　选中文字处

图 2-2-16　文字修复后效果

7. 选择工具箱中的魔棒工具，勾选“连续”后在右下角英文上单击，选中文字，执行“选择>修改>扩展（E）”命令，“扩展量”设为 3 像素，单击“确定”按钮，如图 2-2-17 所示。

8. 执行“编辑>填充（L）”命令，打开“填充”对话框，如图 2-2-18 所示，单击“确定”按钮，完成英文部分的去除。缩小查看全图，经过修复的图片效果如图 2-2-19 所示。

图 2-2-17　扩展选区操作

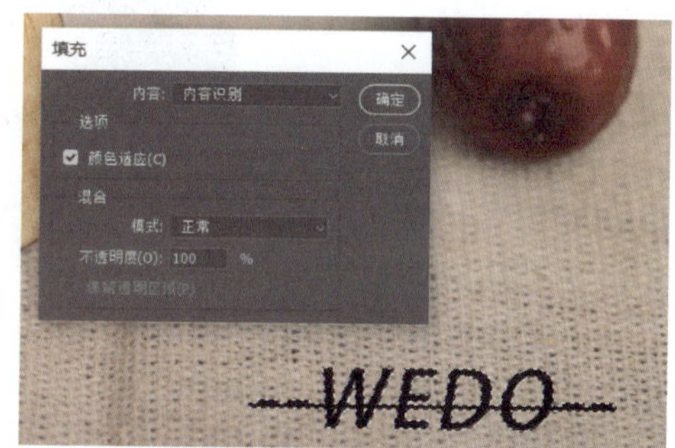

图 2-2-18　打开“填充”对话框

图 2-2-19　修复后的图片效果

任务实施

1. 各小组梳理完成“图片修复思路”和“图片修复要点”的思维导图。
2. 利用思维导图将本任务所学到的知识点进行小组讨论与总结。
3. 为下图进行图片修图。

任务评价

任务完成后，请根据表 2-2-1 对小组任务完成情况进行评价。

表 2-2-1　　小组任务完成情况评价表

任务编号		任务名称		
小组名称		小组成员		
评价项目	评价内容	评价分值	得分	备注
信息收集	信息途径及资料收集整理情况	10		
掌握程度	熟练程度、应用条件	10		
计划制订	时间合理，分工明确，指令清晰	20		
执行过程	实施顺利，完成规定动作	25		
成果输出	成果有效，达到目标要求	20		
团队意识	小组合作，服从安排	5		
时间管理	遵守计划安排，规定时间完成	5		
学习态度	积极、主动、探究	5		

思考拓展

1. 修补工具和仿制图章工具的区别有哪些？

2. 为了去掉图片中的文字，除了选择修补工具和内容识别填充两种方法，还有哪些方法？

任务 3　添加光影效果

学习目标

1. 熟悉并掌握图层样式等制作投影的要点。

2. 熟悉并掌握蒙版制作倒影的要点。

3. 能够制作逼真的投影。

4. 能够制作自然的倒影。

任务引入

张伟、王平需要为商品图片添加光影效果。为了使商品与环境相融合，商品图像必须有和环境光源一致的投影或倒影，在添加时需要根据具体环境进行制作。

任务分析

使用图层样式中的投影功能是制作投影的常用方法。依据商品主体的外部轮廓，通过高斯模糊也能制作出很好的投影效果。当商品放到玻璃材质上面时，还需要制作出倒影效果。

相关知识

一、基础知识

1. 图层样式

图层样式是 Photoshop 中一个用于制作各种效果的强大功能，利用图层样式功能，可以简单快捷地制作出各种光影特效。

（1）添加图层样式的方法

方法 1：单击导航栏按钮 fx，弹出“图层样式”菜单，选择样式并单击，进入图层样式设置界面，如图 2-3-1 所示。

方法 2：双击“图层”面板中图层图标的后半部分（见图 2-3-2），双击后会直接弹出图层样式设置界面。

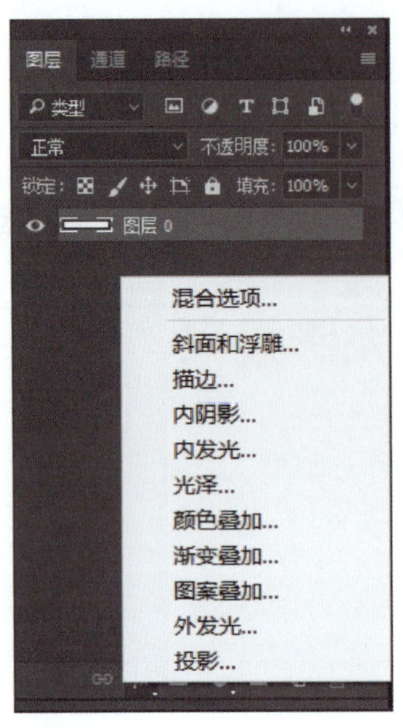

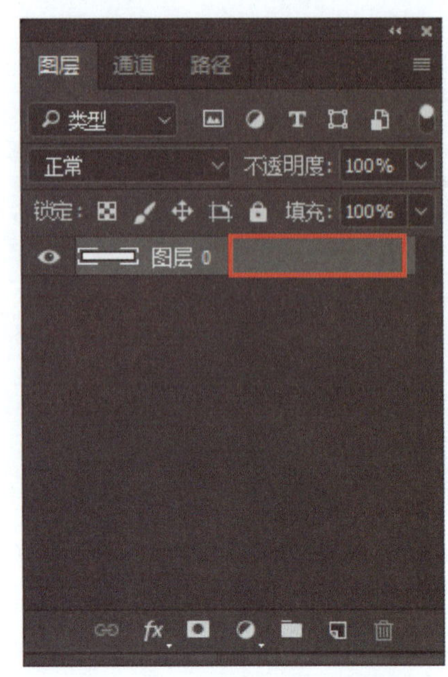

图 2-3-1　图层样式设置界面　　　　图 2-3-2　双击图层图标的后半部分

方法 3：执行“图层>图层样式”命令，选择样式进行设置，如图 2-3-3 所示。

（2）投影和内阴影

投影样式可以模拟不同角度的光源，给图层内容添加一种阴影效果，使平面的图像从视觉上产生立体感，如图 2-3-4 所示。内阴影样式可以在图像内部添加阴影效果。

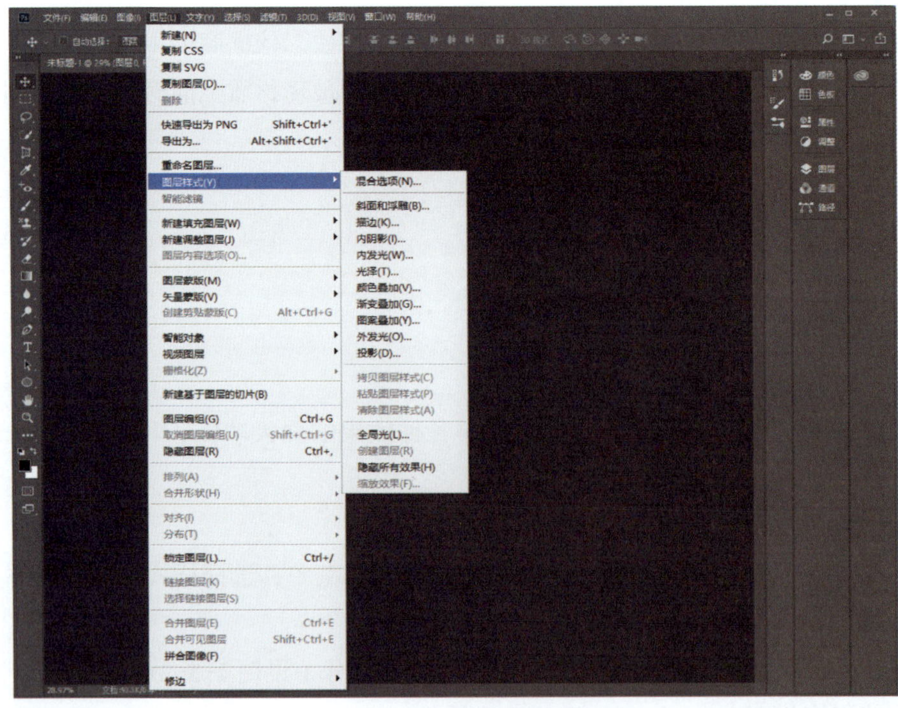

图 2-3-3　设置图层样式

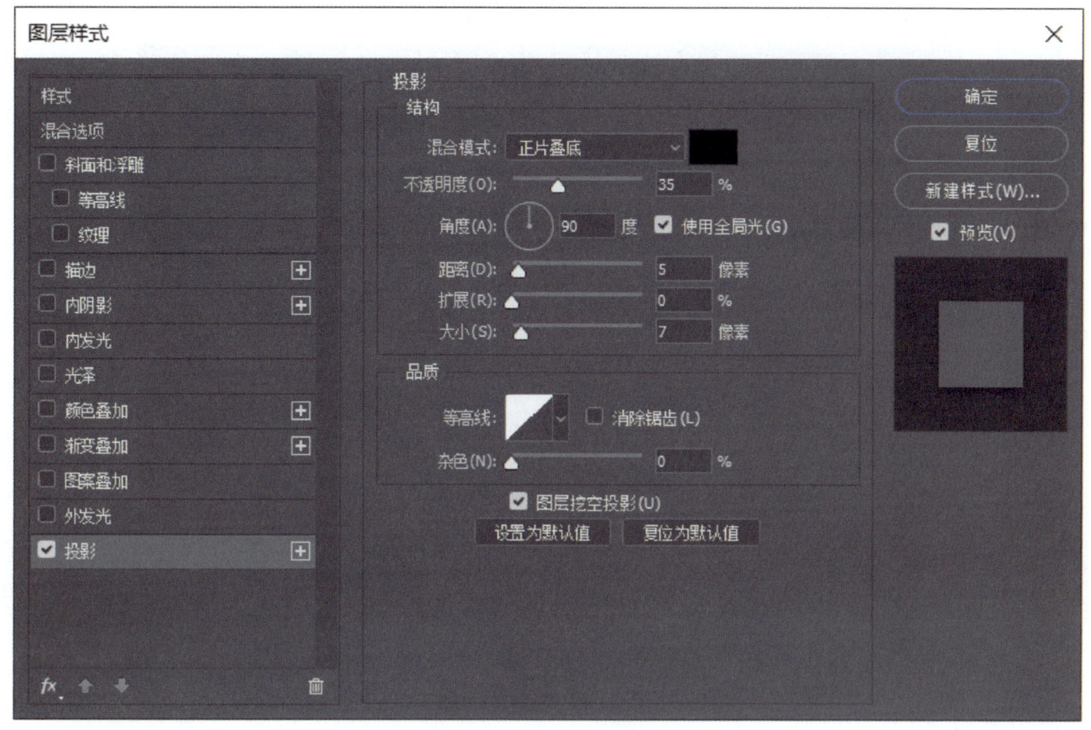

图 2-3-4 投影样式

投影样式各参数意义如下：

- 混合模式：在其下拉列表中可以选择所加阴影与原图层图像合成的模式。若单击其右侧的色块，可在弹出的“拾色器”对话框中设置阴影的颜色。
- 不透明度：用于设置投影的不透明度。
- 使用全局光：选中该复选框，表示为同一图像中的所有图层使用相同的光照角度。
- 距离：用于设置投影的偏移程度。
- 扩展：用于设置阴影的扩散程度。
- 大小：用于设置阴影的模糊程度。
- 等高线：在右侧的下拉列表中可以选择阴影的轮廓。
- 杂色：用于设置是否使用杂点对阴影进行填充。
- 图层挖空阴影：选中该复选框可以设置图层的外部投影效果。

（3）外发光、内发光和光泽

利用外发光或内发光样式可以在图像外侧或内侧边缘产生发光效果，如图 2-3-5 所示。利用光泽样式可以在图像的边缘添加柔和的内阴影效果。

外发光样式各参数意义如下：

- ：选中单选按钮，单击右侧的颜色块，可以从打开的“拾色器”对话框中选择一种纯色发光颜色；选中单选按钮，可以在其右侧的下拉列表框中选择一种渐变发光颜色。

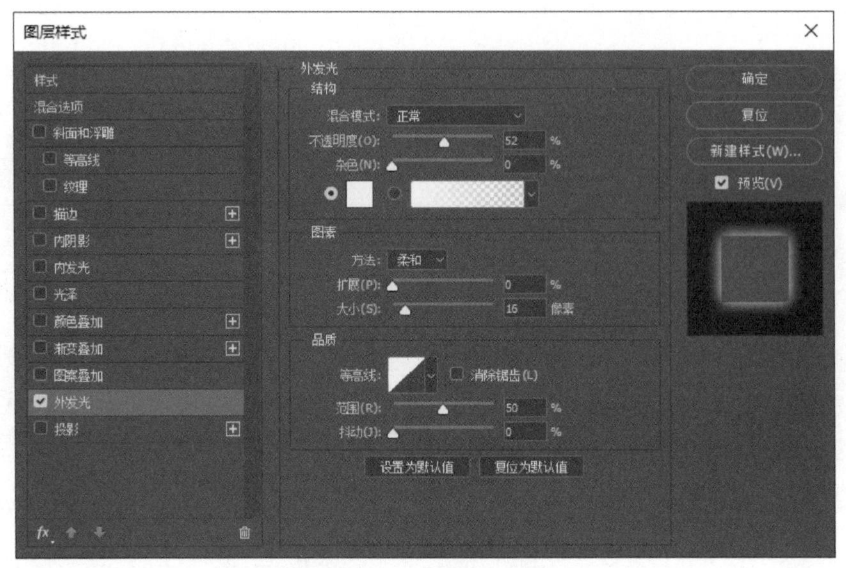

图 2-3-5　外发光样式

- 方法：用于选择对外发光效果应用的柔和技术。当选择“柔和”选项时，将使外发光效果更柔和。
- 范围：用于设置外发光效果的轮廓范围。
- 抖动：用于设置在外发光中随机产生的杂点数。

（4）斜面和浮雕

斜面和浮雕样式是 Photoshop 图层样式中最复杂的，其中包括内斜面、外斜面、浮雕效果、枕形浮雕和描边浮雕等样式，可用于制作各种凹陷或凸出的浮雕图像或文字，如图 2-3-6 所示。

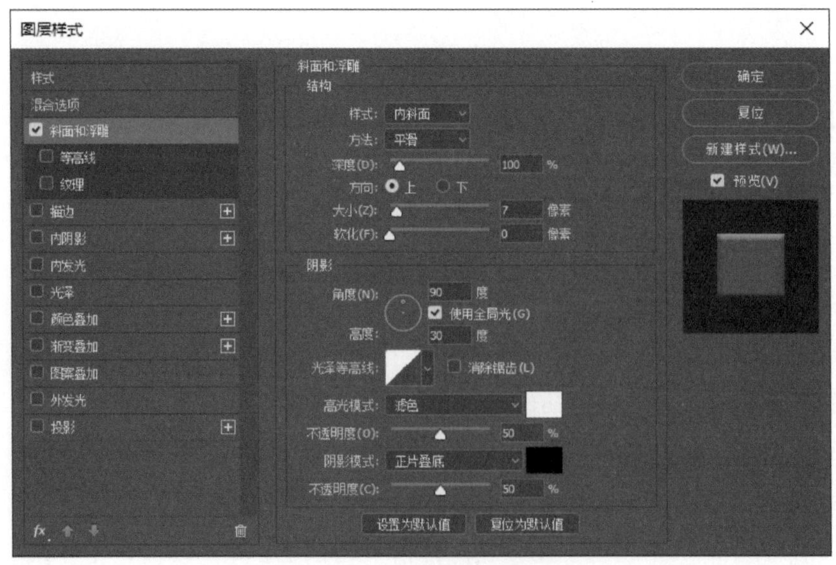

图 2-3-6　斜面和浮雕样式

斜面和浮雕样式各参数意义如下：

- 样式：在其下拉列表中可选择斜面和浮雕的样式。
- 方法：在其下拉列表中可选择浮雕的平滑特性。
- 深度：用于设置斜面和浮雕效果的深浅程度。
- 方向：用于切换斜面和浮雕亮部和暗部的方向。
- 软化：用于设置斜面和浮雕效果的柔和度。
- 光泽等高线：用于选择光线的轮廓。
- 高光模式和阴影模式：分别用于设置高光区域和暗部区域的模式。

（5）叠加样式和描边样式

所谓叠加样式和描边样式，实际上就是向图层内容填充颜色或图案等，或为图层内容增加一个边缘。

（6）图层样式的开关与清除

对图层添加了样式之后，还可对其进行查看，以及进行开、关和清除等操作。

在“图层”面板中单击样式效果列表左侧的眼睛图标，可将相应的样式关闭（隐藏），再次单击此处，将打开（显示）该图层样式。

将不需要的样式拖拽到“图层”面板底部的“删除图层”按钮上，可将该样式删除。

2. 画笔工具

画笔是进行绘画处理的重要工具，用户通过选择画笔，可以实现多种笔画效果。在工具箱中单击图标，选择画笔工具，或者反复按【Shift+B】组合键启用画笔。

“画笔工具”选项栏如图 2-3-7 所示。

模式：正常　不透明度：100%　流量：100%　平滑：10%

图 2-3-7　“画笔工具”选项栏

- 画笔预设：用于进行画笔预设的选择。
- 模式：用于选择某一种混合模式，与喷枪工具配合使用，可以产生多样的效果。
- 不透明度：用于设定画笔的不透明度。
- 流量：用于设定喷枪的压力，压力越大，喷色越浓。
- 喷枪：用于启用喷枪功能。

3. 擦除工具

擦除工具组能够对选定的图层或选区进行颜色的清除或替换为背景色，也可以使用预设的橡皮擦形状进行擦除，实现特殊效果。该工具组中一共包含三个工具，分别为橡皮擦工具、背景橡皮擦工具和魔术橡皮擦工具。

其中，橡皮擦工具用于将图像中的某些区域涂抹成透明色或背景色，如果在背景图层涂抹则为背景色，在普通图层涂抹则为透明色；背景橡皮擦工具用于普通图层时与橡皮擦工具效果相同，擦除背景图层时，自动把背景图层转换为普通图层，其擦除的部分为透明效果；魔术橡皮擦工具根据容差的设置，可以自动擦除相近的颜色，它和背景橡皮擦的共同点是能自动把背景图层转换为普通图层，擦除为透明效果。

4. 图层蒙版

图层蒙版可以控制图层中某些区域的隐藏和显示。默认状态下，图层蒙版中纯黑色用来遮盖当前图层中不需要显示的图像，纯白色用来显示当前图层中需要显示的图像，灰色区域会根据其灰度值使当前图层中的图像呈现出不同层次的透明效果。通过更改蒙版，可以对图层应用各种特殊效果，而不会实际影响该图层上的像素。

图层蒙版可以通过菜单命令“图层＞图层蒙版＞显示全部”创建，但常用的方法是在“图层”面板下面单击“添加图层蒙版”按钮，来创建图层蒙版。

二、商品素材图片添加光影效果

本例中将采用图层样式为大枣素材图片中的多个大枣制作投影，用高斯模糊的方式制作盘子的投影，使用画笔和图层蒙版制作糖果的投影和倒影。具体操作如下：

1. 执行“文件＞打开”命令，导入“项目二任务 3 素材 1”素材图片，鼠标单击“图层 1”，选中为当前图层，在右侧灰色空白处双击（见图 2-3-8），打开“图层样式”对话框。

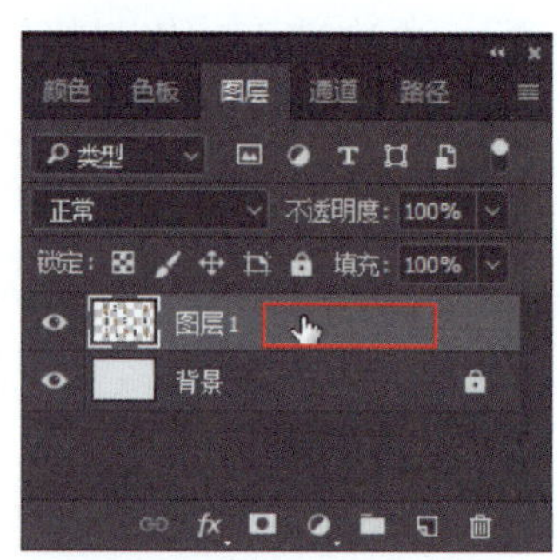

图 2-3-8　双击处示意

2. 在“图层样式”对话框中，单击左侧列表“投影”，设置混合模式为正片叠底，不透明度为 60%，角度为 144 度，距离为 30 像素，扩展为 0，大小为 40 像素，如图 2-3-9 所示。

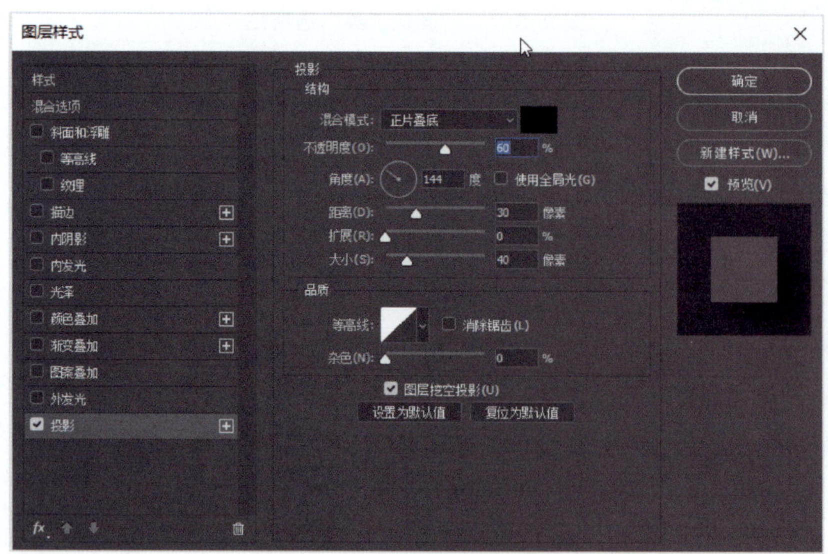

图 2-3-9　投影参数设置

3. 单击“确定”按钮，完成投影的添加，效果如图 2-3-10 所示。

图 2-3-10　添加投影后效果

4. 导入“项目二任务 3 素材 2”素材图片，按住【Ctrl】键单击“盘子”图层缩览图，调出图层选区，如图 2-3-11 所示。

5. 单击选中“背景”图层，然后单击“图层”面板右下角新建图层按钮，新建图层“图层 1”，并将前景色设置为黑色，按【Alt+Delete】组合键进行前景色填充，效果如图 2-3-12 所示。

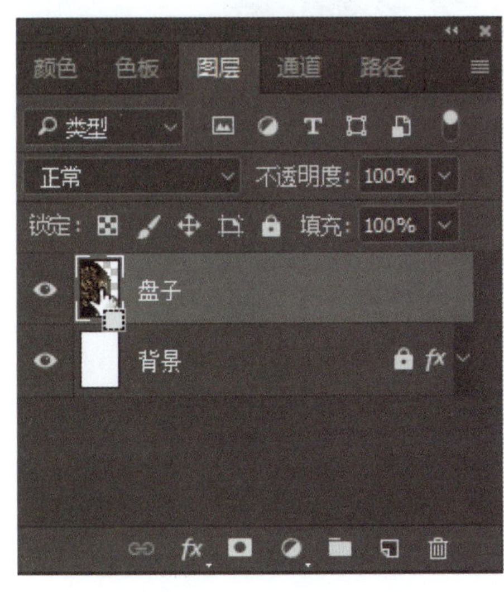

图 2-3-11　调出图层选区

图 2-3-12　填充前景色

6. 按【Ctrl+D】组合键取消选区，然后按方向键向右移动黑色填充部分，效果如图 2-3-13 所示。

图 2-3-13　移动后效果

7. 执行“滤镜＞模糊＞高斯模糊”命令，设置模糊半径为 40 像素，如图 2-3-14 所示。

8. 设置图层混合模式为正片叠底，不透明度为 60%，最终效果如图 2-3-15 所示。

图 2-3-14　高斯模糊参数设置

图 2-3-15　添加投影效果

9. 导入“项目二任务 3 素材 3”素材图片，选择背景层，单击“新建图层”按钮建立新图层，命名为“投影”，然后选择画笔工具，大小为 150 像素，硬度为 0，画一条直线，如图 2-3-16 所示。

图 2-3-16　画笔绘制效果

10. 执行“滤镜＞模糊＞高斯模糊”命令，设置模糊半径为 50 像素，然后设置图层不透明度为 15%，混合模式为正片叠底，选择橡皮擦工具，设置大小为 150 像素，硬度为 0，不透明度为 25%，进行适当擦除，效果如图 2-3-17 所示。

图 2-3-17　调整投影效果

11. 选择“图层 1”为当前图层，按【Ctrl+J】组合键复制当前图层，选择“图层 1”，执行“编辑＞变换＞垂直翻转”命令，选择移动工具向下移动，如图 2-3-18 所示。

图 2-3-18　垂直翻转后效果

12. 单击“图层”面板底部的添加图层蒙版按钮，为“图层 1”添加蒙版，然后选择渐变工具，在蒙版上绘制由黑到白的渐变，修改图层不透明度为 30%，混合模式为正片叠底，最终效果如图 2-3-19 所示。

图 2-3-19　蒙版倒影效果

任务实施

1. 各小组梳理完成“投影制作要点”和“倒影制作要点”的思维导图。
2. 利用思维导图将本任务所学到的知识点进行小组讨论与总结。
3. 为下图添加投影（倒影）。

任务评价

任务完成后，请根据表 2-3-1 对小组任务完成情况进行评价。

表 2-3-1　　小组任务完成情况评价表

任务编号		任务名称		
小组名称		小组成员		
评价项目	评价内容	评价分值	得分	备注
信息收集	信息途径及资料收集整理情况	10		
掌握程度	熟练程度、应用条件	10		
计划制订	时间合理，分工明确，指令清晰	20		
执行过程	实施顺利，完成规定动作	25		
成果输出	成果有效，达到目标要求	20		
团队意识	小组合作，服从安排	5		
时间管理	遵守计划安排，规定时间完成	5		
学习态度	积极、主动、探究	5		

思考拓展

1. 制作投影的几种方式有什么区别？
2. 制作倒影的时候，如何确认蒙版是否在选中状态？

任务 4　添加水印和版权信息

学习目标

1. 熟悉并掌握文字工具的使用要点。
2. 熟悉并掌握文字面板和段落格式。
3. 能够为图片添加水印。
4. 能够为图片添加版权信息。

任务引入

为了确保商品图片的唯一性，以及防止图片被他人盗用，张伟、王平两位同学要为商品图片添加水印或版权信息。

任务分析

添加水印和版权信息主要是为了防止图片被随意盗用。通过使用文字工具结合图层样式添加水印，能够比较直观地展现图片的版权信息。另一种保护图片文件版权的方式是通过“文件”菜单中的“文件简介”命令，将版权信息直接添加至图片文件中。

相关知识

一、基础知识

1. 文字工具

Photoshop 中有两种输入文字的方式：一种是输入少量文字，称为“点文字”；另一种是输入大段需要换行或分段的文字，称为“段落文字”。文字工具T用于文字的输入，可以通过面板直接选择，也可以按字母“T”进行文字工具的选择。

（1）点文字

点文字是一个水平或垂直的文本行或单个文字，选择文字工具后在图像窗口中直接单击，可创建输入点，并自动建立文本图层，然后在文本输入点输入文字即可。输入点文字时，每行文字都是独立的，行的长度随编辑增加或缩短，但不能自动换行，可以在键盘上按【Enter】键另起一行，按【Ctrl+Enter】组合键结束输入，输入的文字较少时可以采用此种方式。

（2）段落文字

选择相应的文字工具，在图像中拖动以绘制出文本框，文本插入点会自动出现在文本框的前端，段落文字用于以一个或多个段落的形式输入文字，一般在输入的文字内容较多时使用。当输入的文字到达文本框边缘时会自动换行，按【Enter】键也可进行手动换行。

输入段落文字时，文字基于定界框的尺寸换行，如果刚开始绘制的文本框过小，会导致输入的文字内容不能完全显示在文本框中。此时，可以移动光标至文本框边缘，选中文本框的节点并向外拖动，改变文本框的大小，使文字全部显示出来。可以输入多个段落并对段落进行格式化；可以调整文本框的大小，使文字在调整后的矩形中重新排列；也可以使用文本框旋转、缩放和斜切文字。

2. “文字工具”选项栏

选择工具箱中的横排文字工具T后，选项栏各项功能如图 2-4-1 所示。

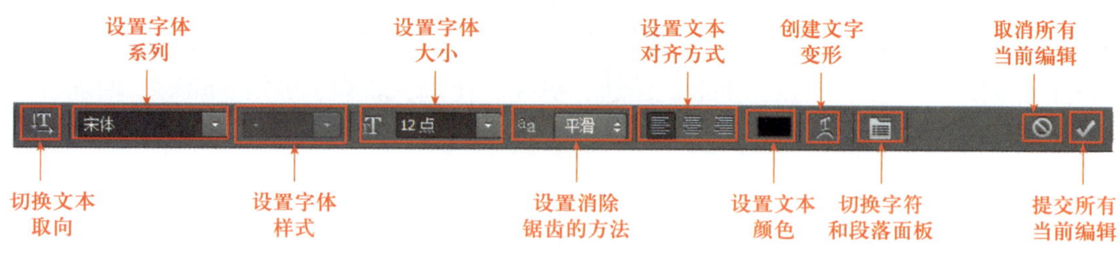

图 2-4-1 “文字工具”选项栏

3. “字符”面板

选中要设置字符格式的文本，然后单击工具属性栏中的切换字符和段落面板按钮，或执行“窗口>字符”命令，打开“字符”面板，在其中可更改文字的字体、大小、颜色、行距、间距等属性，如图 2-4-2 所示。

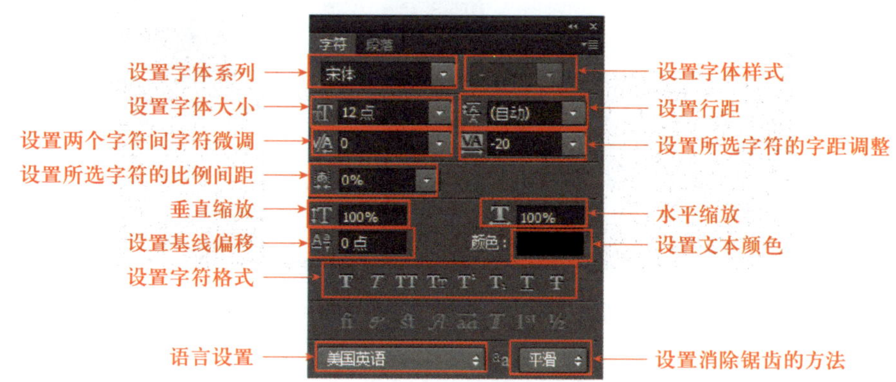

图 2-4-2 “字符”面板

4. 段落格式

选中要设置段落格式的文本，执行“窗口>段落”命令，打开“段落”面板，利用“段落”面板可设置所选段落或光标所在段落的格式，如图 2-4-3 所示。

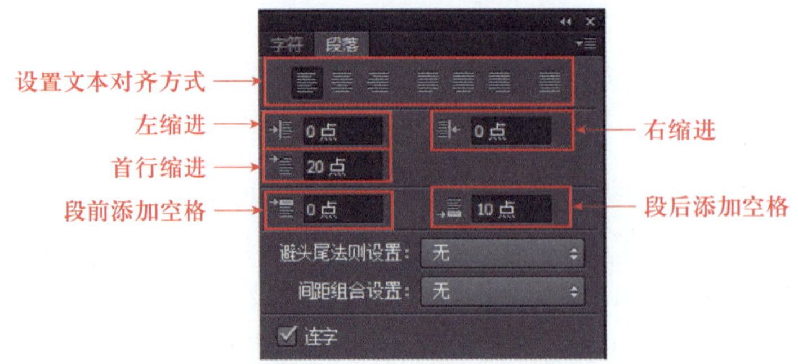

图 2-4-3 “段落”面板

5. 创建变形文字

使用 Photoshop 中的文字工具输入文字之后，保持文字工具状态，单击选项栏的创建文字变形按钮，弹出“变形文字”对话框（见图 2-4-4），在样式下面有 15 种样式供选择：扇形、下弧、上弧、拱形、凸起、贝壳、花冠、旗帜、波浪、鱼形、增加、鱼眼、膨胀、挤压、扭转。

应用了变形文字样式之后，在“图层”面板缩览图中会看到一个弧形“T”字。如果不需要使用变形文字样式，则在样式中选择“无”。

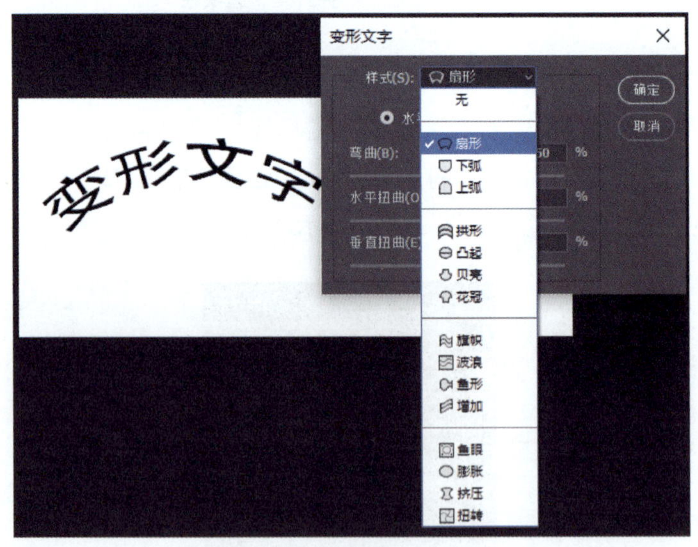

图 2-4-4 “变形文字”对话框

二、商品素材图片添加水印和版权信息

本例将通过使用文字工具、图层样式和文件简介，为小麻花商品素材图片添加水印和版权信息。具体操作如下：

1. 执行“文件>打开”命令，导入“项目二任务 4 素材 1”素材图片，选择工具箱中的横排文字工具，在小麻花左下角位置添加文字“——维度摄影工作室——”字样，按【Ctrl+A】组合键全选文字，再按【Ctrl+T】组合键打开“字符”面板，设置字体为黑体，大小为250点，加粗、倾斜，如图2-4-5所示。按【Ctrl+Enter】组合键，确认文字输入效果。

图2-4-5　添加文字效果

2. 在“图层”面板中选中“——维度摄影工作室——”图层，单击面板底部的“添加图层样式”按钮 fx（见图2-4-6），在菜单中选择“外发光”命令，在弹出的对话框中将颜色更改为白色（R：255，G：255，B：255），大小更改为20像素，如图2-4-7所示，单击“确定”按钮。

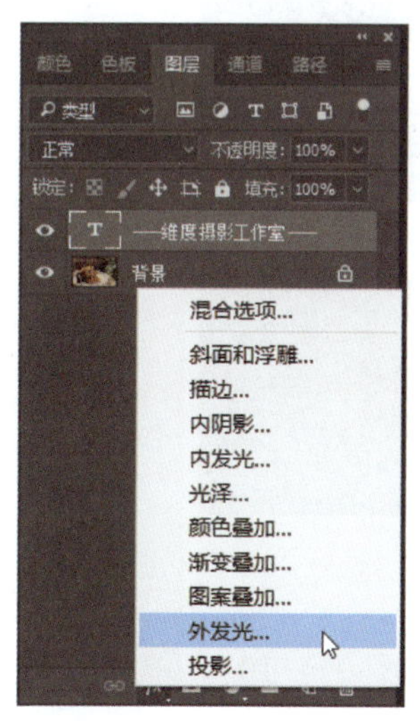

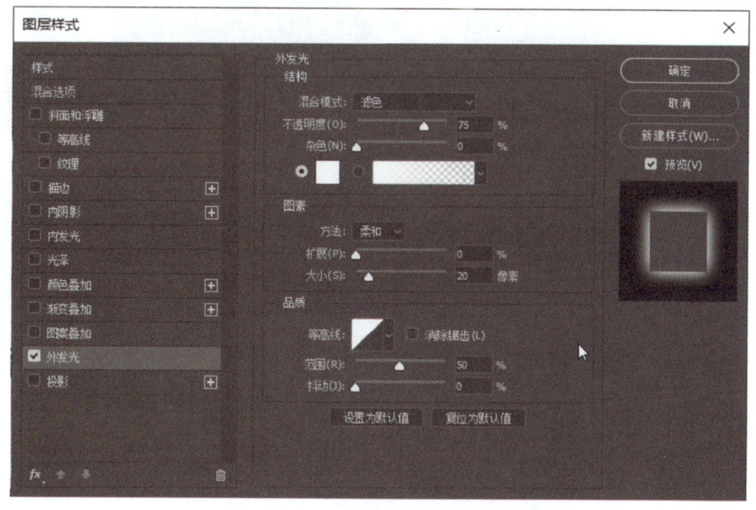

图2-4-6　添加图层样式

图2-4-7　“图层样式”对话框

3. 在“图层”面板中选中“——维度摄影工作室——”图层，将面板中右上角的

“填充”更改为 0，完成水印添加，效果如图 2-4-8 所示。

图 2-4-8　添加水印效果

4. 执行“文件>打开”命令，导入“项目二任务 4 素材 2”素材图片，执行菜单栏中“文件>文件简介”命令，在弹出的对话框中输入相关信息，如图 2-4-9 所示。

图 2-4-9　输入相关信息

5. 单击“IPTC”，在文本框中输入商品的相应文字信息（见图 2-4-10），单击“确定”按钮，完成效果制作。

6. 保存文件，然后在计算机中找到保存的文件，右键单击，选择“属性”，打开对话框查看所添加的版权信息，如图 2-4-11 所示。

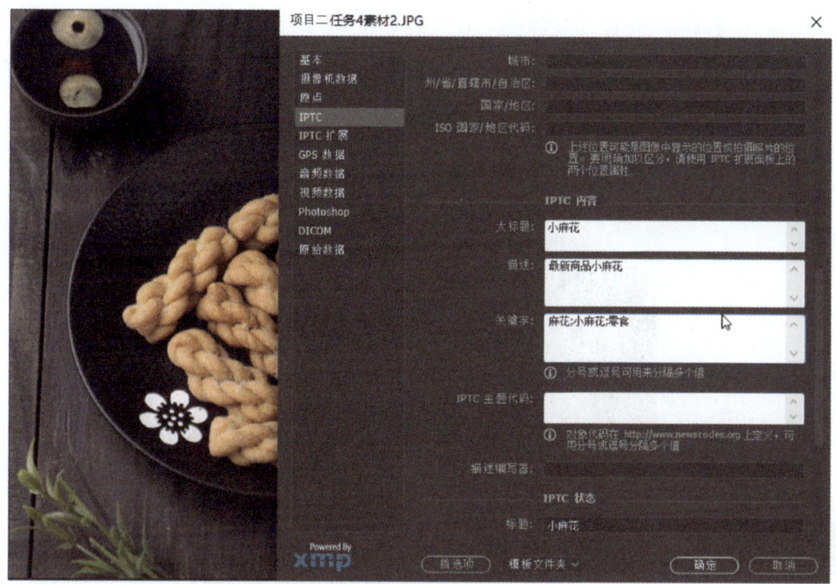

图 2-4-10　添加 IPTC 信息

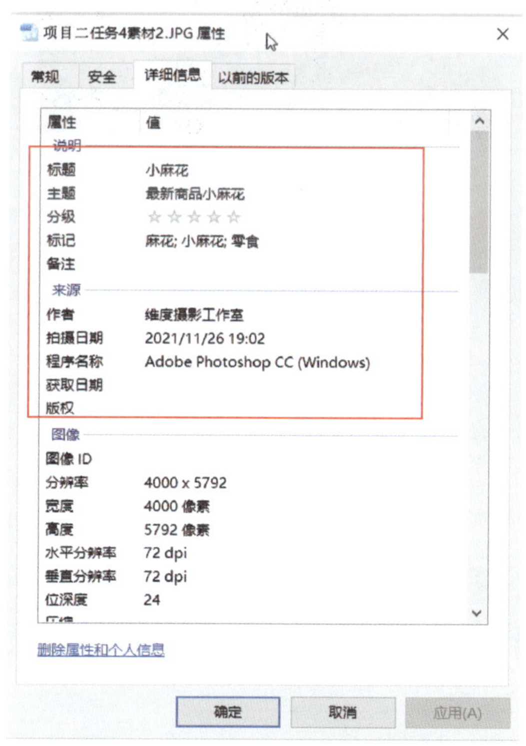

图 2-4-11　查看所添加的版权信息

任务实施

1. 各小组梳理完成“添加水印”和“添加版权信息”的思维导图。

2. 利用思维导图将本任务所学到的知识点进行小组讨论与总结。

3. 为下图添加水印和版权信息。

任务评价

任务完成后，请根据表 2-4-1 对小组任务完成情况进行评价。

表 2-4-1 小组任务完成情况评价表

任务编号		任务名称		
小组名称		小组成员		
评价项目	评价内容	评价分值	得分	备注
信息收集	信息途径及资料收集整理情况	10		
掌握程度	熟练程度、应用条件	10		
计划制订	时间合理，分工明确，指令清晰	20		
执行过程	实施顺利，完成规定动作	25		
成果输出	成果有效，达到目标要求	20		
团队意识	小组合作，服从安排	5		
时间管理	遵守计划安排，规定时间完成	5		
学习态度	积极、主动、探究	5		

思考拓展

1. 通过文字工具添加水印和采用菜单命令添加版权信息的区别有哪些?
2. 实际应用中还有哪些方法可以保护图片的版权?

项目二　基础工具抠图

项目引入

许多商品在初期拍摄时，并无明确的推广场景，或者拍摄商品时背景处理不佳，所以在商品拍摄完成后，通常需要进行抠图处理，然后将商品放到不同的场景中进行运用，这样可以节省场景搭建所耗费的人力、物力，实现利益最大化。

项目背景

某电商公司最近要推出一批新的商品，现已完成了新商品的拍摄，需要对大量商品图片进行抠图处理。张伟、王平两位新人也被分配了一部分抠图工作。

任务 1　选框工具组抠图

学习目标

1. 熟悉并掌握矩形选框工具抠图要点。
2. 熟悉并掌握椭圆选框工具抠图要点。
3. 能够对外部轮廓为规则四边形的商品图片进行抠图。
4. 能够对外部轮廓为圆形的商品图片进行抠图。

任务引入

张伟、王平接到商品图片抠图工作后，首先挑选出部分外部轮廓为规则四边形或圆形的商品图片进行抠图处理。

任务分析

外部轮廓为规则四边形或圆形的商品图片可以直接使用选框工具组进行抠图。即使外部轮廓不是四边形或圆形，也可以通过变换选区进行调整，实现抠图。

相关知识

一、基础知识

1. 选框工具组

选框工具组位于工具箱的左上角，可按键盘上的【M】键快速选中该工具组，选中时呈现按下状态。选框工具组是创建选区的基本方法，该工具组中包含4个形状工具，分别为矩形选框工具、椭圆选框工具、单行选框工具、单列选框工具，分别用于创建矩形选区、圆形选区、单行选区和单列选区，如图3-1-1所示。

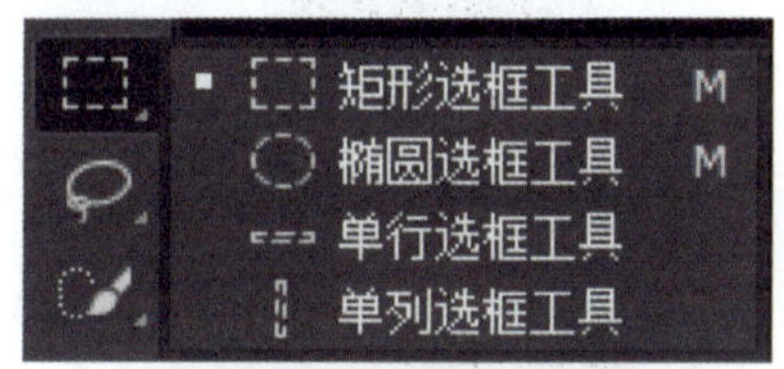

图3-1-1 选框工具组

2. 创建选区的方式

选定选框工具后、开始创建选区前，需要设置该工具组选项栏中的几个按钮，具体如下：

- 新选区：创建的选区是独立的新选区。
- 添加到选区：创建的新选区将加入原有选区。
- 从选区减去：从原有选区中减掉新建的选区，保留原有选区与新选区的差选区。
- 与选区交叉：新选区与原有选区相交叉，保留二者相交叉的部分。

设置完选项栏中的按钮后，即可在工作区中按下鼠标左键并拖动鼠标进行选区的绘制。按住【Alt】键可实现以鼠标单击处为中心创建形状，按住【Shift】键可以创建正方形或正圆形，按住空格键，可以移动未绘制结束的选区。

3. 选框工具组切换方法

默认的情况下工具箱中的选框工具为矩形选框工具。在绘制过程中要选用其他形状的选框工具时，有以下三种方法：

- 单击工具箱中的选框工具，按住鼠标左键不放，会弹出工具选择菜单，移动鼠标选择相应的工具。

- 右键单击工具箱中的选框工具，会弹出工具选择菜单，移动鼠标选择相应的工具。
- 按住【Alt】键，连续单击选框工具，进行工具的切换。

可选用以上三种方法中的任意一种实现选框工具组中四种形状工具的切换。以上方法也适用于工具箱中其他的工具组。

二、选框工具组抠图制作

本例将通过矩形选框工具抠取矩形的图片，通过椭圆选框工具抠取圆形的图片。在抠取过程中，结合选区变换功能进行调整，实现抠图最优化。具体操作如下：

1. 执行“文件>打开”命令，打开“项目三任务 1 素材 1”素材图片，选择工具箱中的矩形选框工具，在工作区中按住鼠标左键拖动，绘制一个矩形选区，如图 3-1-2 所示。

图 3-1-2　绘制矩形选区

2. 在选区上单击鼠标右键，选择“变换选区”命令（见图 3-1-3），选区出现定界框。

图 3-1-3　“变换选区”命令

3. 将鼠标停放在定界框的右下角，当鼠标变为双向箭头时，按住【Ctrl】键，同时按下鼠标左键，向右下角拖动至目标位置，如图 3-1-4 所示。继续用同样的方法调整其他四个角，然后按【Enter】键确认。

图 3-1-4　调整右下角

4. 由于所选区域边缘为棉布，为避免抠图结果过于生硬，需要进行适当的羽化。执行“选择>修改>羽化”命令，打开“羽化选区”对话框（见图 3-1-5），设置羽化为 5 像素，单击“确定”按钮。

图 3-1-5　“羽化选区”对话框

5. 按【Ctrl+J】组合键，将所选区域拷贝到新图层中，单击“图层”面板中“背景”图层前面的小眼睛图案，隐藏背景图层，抠图效果如图 3-1-6 所示。

图 3-1-6　矩形选框工具抠图效果

6. 执行“文件>打开”命令，导入“项目三任务 1 素材 2”素材图片，选择工具箱中的椭圆选框工具，在工作区中按下鼠标右键进行绘制，同时按下空格键，可以移动绘制的起始位置，绘制结果如图 3-1-7 所示。

图 3-1-7　初步绘制的椭圆选区

7. 通过观察不难发现，选区需要进行调整。在选区上单击鼠标右键，选择“变换选区”命令（见图 3-1-8），选区出现定界框。

8. 将鼠标放在定界框右侧边界处，待鼠标变为双向箭头时向内拖动，调整选区至合适大小，如图 3-1-9 所示，按【Enter】键，确认变换。

9. 按【Ctrl+J】组合键，将所选区域拷贝到新图层中，隐藏背景图层，抠图效果如图 3-1-10 所示。

图 3-1-8　“变换选区”命令

图 3-1-9　调整选区大小

图 3-1-10　抠图效果

任务实施

1. 各小组梳理完成“选框工具组抠图技巧”的思维导图。
2. 利用思维导图将本任务所学到的知识点进行小组讨论与总结。
3. 对以下两幅图片进行抠图制作。

任务评价

任务完成后，请根据表 3-1-1 对小组任务完成情况进行评价。

表 3-1-1　　小组任务完成情况评价表

任务编号		任务名称		
小组名称		小组成员		
评价项目	评价内容	评价分值	得分	备注
信息收集	信息途径及资料收集整理情况	10		
掌握程度	熟练程度、应用条件	10		
计划制订	时间合理，分工明确，指令清晰	20		
执行过程	实施顺利，完成规定动作	25		
成果输出	成果有效，达到目标要求	20		
团队意识	小组合作，服从安排	5		
时间管理	遵守计划安排，规定时间完成	5		
学习态度	积极、主动、探究	5		

思考拓展

1. 选框工具组抠图有哪些局限性？
2. 在对选区进行变换操作时，可以用什么方法提高变换的灵活性？

任务 2　套索工具组抠图

学习目标

1. 熟悉并掌握多边形套索工具的抠图要点。
2. 熟悉并掌握磁性套索工具的抠图要点。
3. 能够熟练使用套索工具组进行抠图制作。
4. 能够综合运用套索工具组进行抠图制作。

任务引入

张伟、王平在待抠图的图片中，找到部分边缘不规则的商品图片，并根据这些图片的特点有针对性地进行抠图制作。

任务分析

对于边缘比较整齐的多边形，可以使用多边形套索工具进行抠图；对于边缘不整齐的图片，在抠取时，需要具体问题具体分析。有些图片中的商品边缘比较清晰，而且与周围有明显色差，则可以选择磁性套索工具进行抠图。

相关知识

一、基础知识

1. 套索工具组

套索工具组是一种常用的选取范围工具组，可以在图像中创建不规则形状的选区。与选框工具组相比，在创建选区时，套索工具组更加自由、准确。套索工具组包含三个工具，分别为套索工具、多边形套索工具和磁性套索工具，如图 3-2-1 所示。

图 3-2-1　套索工具组

- 套索工具：可以用于创建任意不规则形状的选区。
- 多边形套索工具：用于选择不规则形状的多边形图像选区。
- 磁性套索工具：根据鼠标指针经过各点不同像素值的差别对边界进行分析，自动创建选区。

2. 创建选区方法

套索工具组的三个工具在创建选区时，操作方法各有不同。

（1）套索工具

套索工具选择的区域具有任意性，具体操作过程如下：

1）选择工具箱中的套索工具；

2）鼠标移动到图像工作区中，在图像上按住鼠标左键不放，依据需要的选区范围拖动鼠标；

3）鼠标拖动到起始点位置时，松开鼠标，系统根据鼠标轨迹创建选区。

（2）多边形套索工具

多边形套索工具创建的选区虽具有任意性，但是边界为多边形，具体操作过程如下：

1）选择工具箱中的多边形套索工具；

2）移动鼠标在图像上某个点单击一次，确定起始锚点；

3）移动鼠标到某个转折点单击，确定转折锚点；

4）根据需要的选区范围，重复上步操作，直至鼠标移动到起始锚点光标右下角并出现一个小句号；

5）单击鼠标形成封闭区域，系统自动形成选区。

（3）磁性套索工具

磁性套索工具的选区由鼠标经过处的像素值差别的大小来决定，可以方便、快捷、准确地选取边界复杂的区域，具体操作过程如下：

1）选择工具箱中的磁性套索工具；

2）移动鼠标在图像上单击一次，确定起始锚点；

3）沿着要选取的选区边界缓慢移动鼠标；

4）当鼠标移动到起始点时，光标右下角会出现一个小句号，单击鼠标可完成选取。

3. 套索工具组使用技巧

在使用套索工具组创建选区时，按【Alt】键可以在套索工具和多边形套索工具间进行切换。

在使用多边形套索工具创建选区过程中，如果出现错误，可以按【Delete】键删除最后选取的一条线段，而如果按住【Delete】键不放，则可以删除所有选中的线段，效果如同按【Esc】键。

在使用磁性套索工具创建选区时，如果自动产生的锚点不能满足需求，可以通过单击鼠标创建想要的锚点。

二、套索工具组抠图制作

本例将使用多边形套索工具进行多边形轮廓商品素材图片的抠图制作，使用磁性套索工具进行边缘比较复杂的商品素材图片的抠图制作。具体操作如下：

1. 导入“项目三任务 2 素材 1”素材图片，选择工具箱中的多边形套索工具，在工作区中沿着轮廓线在左侧单击建立起始锚点，然后在顶部单击建立转折锚点，效果如图 3-2-2 所示。

图 3-2-2　建立起始锚点

2. 继续沿着中间米白色的垫布边缘依次单击，如果单击的锚点不理想，可以按【Back】键删除刚建立的锚点，如图 3-2-3 所示。

图 3-2-3　依次建立锚点

3. 当回到起始锚点时，鼠标右下角会出现一个小句号，单击即可建立封闭的选区。

执行“选择>修改>羽化”命令，设置羽化为 5 像素，然后按【Ctrl+J】组合键复制到新图层，抠图效果如图 3-2-4 所示。

图 3-2-4　抠图效果

4. 导入“项目三任务 2 素材 2”素材图片，通过观察可以发现边缘不规则，此时选择使用磁性套索工具，单击建立起始锚点，然后沿着糖果边缘移动鼠标，会自动产生若干锚点，如图 3-2-5 所示。

图 3-2-5　自动产生锚点

5. 沿着边缘移动鼠标时，如果自动产生的锚点不理想（如图 3-2-6 中圆圈所示），可以按【Back】键删除刚建立的锚点，然后通过鼠标单击的方式建立想要的锚点。

图 3-2-6 锚点不理想

6. 当遇到转折锚点时，也需要通过鼠标单击的方式建立锚点，如图 3-2-7 所示。

图 3-2-7 建立转折锚点

7. 沿着边缘依次建立锚点，直至回到起始锚点，通过单击起始锚点形成封闭选区，如图 3-2-8 所示。可以发现中间有多选的区域。

8. 单击选项栏按钮■，然后用磁性套索工具选取中间部分，实现减去效果，获得最终选区，如图 3-2-9 所示。

9. 按【Ctrl+J】组合键复制到新图层，隐藏背景层，查看抠图效果如图 3-2-10 所示。

图 3-2-8　初步选区

图 3-2-9　最终选区

图 3-2-10　抠图效果

任务实施

1. 各小组梳理完成“套索工具组抠图技巧”的思维导图。
2. 利用思维导图将本任务所学到的知识点进行小组讨论与总结。
3. 对下图中间部分进行抠图制作。

任务评价

任务完成后，请根据表 3-2-1 对小组任务完成情况进行评价。

表 3-2-1 小组任务完成情况评价表

任务编号		任务名称		
小组名称		小组成员		
评价项目	评价内容	评价分值	得分	备注
信息收集	信息途径及资料收集整理情况	10		
掌握程度	熟练程度、应用条件	10		
计划制订	时间合理，分工明确，指令清晰	20		
执行过程	实施顺利，完成规定动作	25		
成果输出	成果有效，达到目标要求	20		
团队意识	小组合作，服从安排	5		
时间管理	遵守计划安排，规定时间完成	5		
学习态度	积极、主动、探究	5		

思考拓展

1. 多边形套索工具和磁性套索工具的主要区别有哪些？
2. 哪种类型的图片适合使用多边形套索工具进行抠图？
3. 哪种类型的图片适合使用磁性套索工具进行抠图？

任务 3 魔棒工具组抠图

学习目标

1. 熟悉并掌握魔棒工具使用要点。
2. 熟悉并掌握快速选择工具使用要点。
3. 能够灵活运用魔棒工具和快速选择工具进行抠图制作。

任务引入

张伟、王平在抠图工作中发现有些商品拍摄时的背景为单一颜色，有些商品背景简单，且商品与背景有明显区别，需要选用更加高效的抠图方法提高工作效率。

任务分析

背景单一的商品图片在进行抠图时，使用魔棒工具可以极大地提高抠图的效率；对于背景不是单一颜色，但是商品与背景颜色有明显差别的图片，可使用快速选择工具进行抠图。

相关知识

一、基础知识

1. 魔棒工具组

魔棒工具组包含两个工具，分别为魔棒工具和快速选择工具，如图 3-3-1 所示。

图 3-3-1 魔棒工具组

魔棒工具是根据图像中的颜色进行选择的工具。当用魔棒工具选择图像中的某个点时，与该点颜色相同或者相近的区域同时也会被选中。启用魔棒工具有以下两种方法：

- 单击工具箱中的魔棒工具按钮。
- 按【W】键，可以快速启用魔棒工具。

快速选择工具类似于笔刷，并且能够通过调整圆形笔尖大小来绘制选区。使用时，在图片中单击并拖动鼠标，结合选项栏中的“添加到选区”按钮和“从选区减去”按钮，即可绘制选区。

2. 魔棒工具属性栏

启用魔棒工具后，对应顶部的选项栏如图 3-3-2 所示。

图 3-3-2 “魔棒工具”选项栏

- 容差：在此文本框中可以输入 0～255 的数值来确定选取范围的容差，默认值为 32。输入的值越小，选择的颜色范围越接近。
- 消除锯齿：选中该复选框可以消除锯齿，平滑选区边缘。
- 连续：选中此复选框表示只能选中鼠标单击处邻近区域中的相同像素，取消选择该复选框则表示可选中与该像素相近的所有区域。
- 对所有图层取样：选中该复选框，表示设置用于所有的图层；取消选中该复选框，则只对当前图层起作用。

3. 魔棒工具组使用技巧

魔棒工具对于背景颜色比较单一的图片选取效率最高，对于背景各区块相近，而图像形状复杂的情况，选用魔棒工具也比选框工具或套索工具方便。

在背景有多种颜色的情况下，按住【Shift】键，可以使用魔棒工具多次单击来扩大选区。

对于背景颜色比较多，但是主体与背景颜色差别比较大的情况，则可以选择使用快速选择工具，其工作原理是利用主体颜色的差异迅速绘制出选区。

二、魔棒工具组抠图制作

本例将使用魔棒工具实现对大枣的快速抠图，使用快速选择工具实现对糖果的有效抠图。具体操作如下：

1. 导入“项目三任务 3 素材 1”素材图片，选择魔棒工具，选项栏设置如图 3-3-3 所示，其中容差大小为 50 像素。

图 3-3-3 “魔棒工具”选项栏设置

2. 在背景区域单击鼠标，实现背景区域的选择，效果如图 3-3-4 所示，绝大部分背景已经被选中，只有左下角三个大枣的选择不是很理想，边缘部分区域没有被选中。

图 3-3-4 魔棒工具初步选区

3. 针对上面的选择结果，单击选项栏的“添加到选区”按钮，设置容差为 10，在未被选中的边缘区域单击鼠标（见图 3-3-5），实现背景的完美选择。

图 3-3-5 魔棒工具添加到选区

4. 执行“选择＞反选”命令，由背景选中状态转换为大枣选中状态，如图 3-3-6 所示。

图 3-3-6　大枣选中状态

5. 按【Ctrl+J】组合键复制到新图层，隐藏背景层，查看抠图效果如图 3-3-7 所示。

图 3-3-7　魔棒工具抠图效果

6. 导入“项目三任务 3 素材 2”素材文件，选择快速选择工具，设置选项栏大小为 100 像素，然后在工作区中第一个糖果上按下鼠标左键拖动，选择效果如图 3-3-8 所示。

7. 单击选项栏中的“添加到选区”按钮，将鼠标移动到第二个糖果上，按下鼠标左键拖动选择。如果在选择过程中多选了部分区域（如图 3-3-9 中圆圈所示），可单击选项栏中的“从选区减去”按钮，在多选的地方按下鼠标左键拖动即可减掉多选的部分。

8. 继续采用“添加到选区”的方法，选中所有的糖果，执行“选择>修改>平滑”命令，取样半径为 2 像素，如图 3-3-10 所示，单击“确定”按钮。

图 3-3-8　快速选择第一个糖果

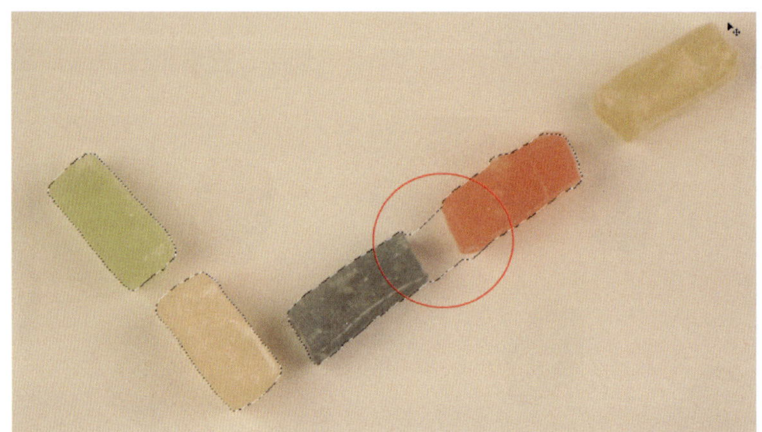

图 3-3-9　多选示例

图 3-3-10　选中所有糖果

9. 按【Ctrl+J】组合键复制到新图层，隐藏背景层，查看抠图效果如图 3-3-11 所示。

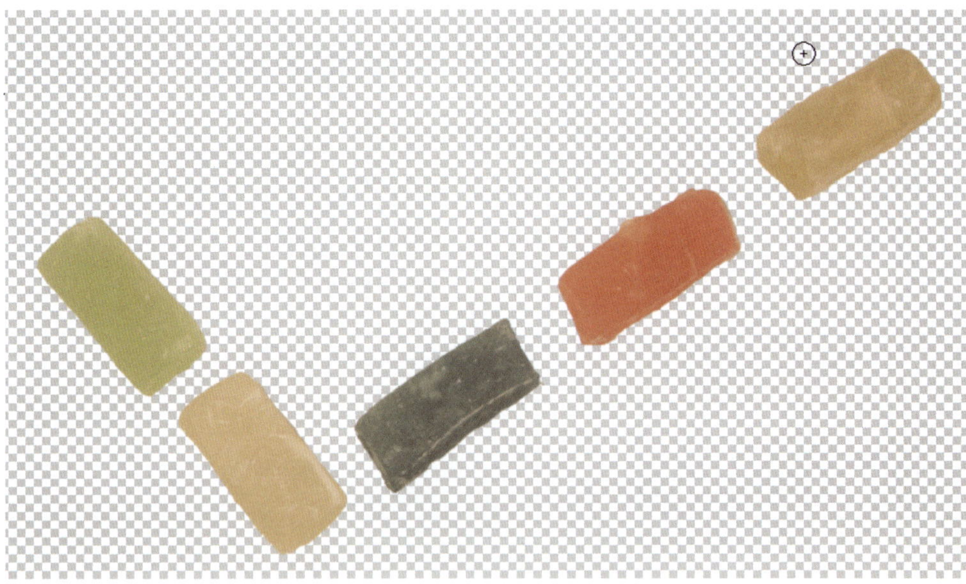

图 3-3-11 快速选择工具抠图效果

任务实施

1. 各小组梳理完成“魔棒工具组抠图要点”的思维导图。
2. 利用思维导图将本任务所学到的知识点进行小组讨论与总结。
3. 选择合适的工具，对下图进行抠图制作，去掉浅色背景部分。

任务评价

任务完成后，请根据表 3-3-1 对小组任务完成情况进行评价。

表 3-3-1　　小组任务完成情况评价表

任务编号		任务名称		
小组名称		小组成员		
评价项目	评价内容	评价分值	得分	备注
信息收集	信息途径及资料收集整理情况	10		
掌握程度	熟练程度、应用条件	10		
计划制订	时间合理，分工明确，指令清晰	20		
执行过程	实施顺利，完成规定动作	25		
成果输出	成果有效，达到目标要求	20		
团队意识	小组合作，服从安排	5		
时间管理	遵守计划安排，规定时间完成	5		
学习态度	积极、主动、探究	5		

思考拓展

1. 魔棒工具和快速选择工具的区别有哪些?
2. 哪种类型的图片适合选择魔棒工具进行抠图?
3. 哪种类型的图片适合选择快速选择工具进行抠图?

任务 4　钢笔工具组抠图

学习目标

1. 熟悉并掌握钢笔工具组抠图的要点。
2. 熟悉并掌握钢笔工具组抠图时锚点的调整方法。
3. 能够使用钢笔工具组进行抠图制作。
4. 能够灵活进行钢笔工具组抠图时锚点的调整。

任务引入

张伟、王平在抠图工作中，遇到一些商品图片在区域和颜色方面没有明显规律特点，但却需要高精度抠图的情况，他们决定使用钢笔工具组进行仔细处理。

任务分析

部分图片采用之前的抠图方式效果不理想，边缘不够精确，钢笔工具组能够很好地处理这种情况。

相关知识

一、基础知识

1. 钢笔工具组

钢笔工具组可在图像窗口中单击创建直线锚点，直线锚点之间的连线为直线；若单击鼠标并拖动，则会创建曲线锚点，曲线锚点的两侧有方向控制杆，拖动方向控制杆可调整曲线形状。钢笔工具组如图 3-4-1 所示。

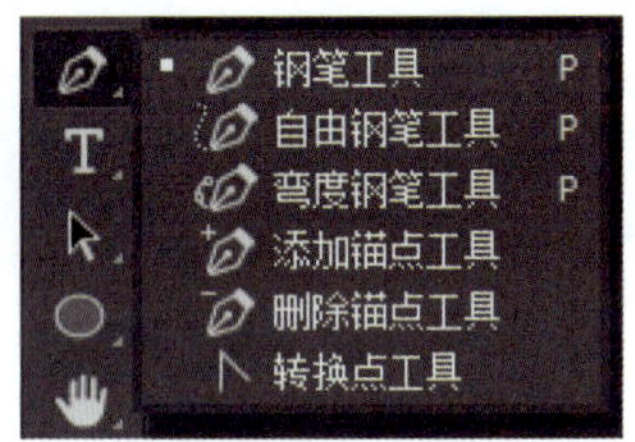

图 3-4-1　钢笔工具组

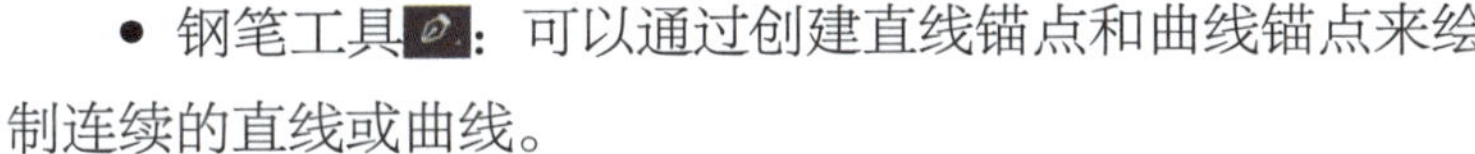

- 钢笔工具：可以通过创建直线锚点和曲线锚点来绘制连续的直线或曲线。
- 自由钢笔工具：可以像使用钢笔在纸上绘图一样来绘制图形。
- 添加锚点工具、删除锚点工具、转换点工具：用来添加、删除锚点和转换锚点类型，从而方便调整图形的形状。

2. 锚点的调整

锚点的调整可通过使用路径选择工具组来实现，路径选择工具组共包括两个工具，分别如下：

- 直接选择工具：用来选择、移动锚点或锚点的方向控制杆，从而改变图像的形状。
- 路径选择工具：用来选择、移动或复制图像形状或路径。

3. 直接选择工具和路径选择工具的区别

使用直接选择工具可以选中图像上的单个或多个锚点（被选中的锚点为实心，未被选中的为空心），并可对所选锚点或锚点的方向控制杆进行拖动操作，从而自由调整图像；而使用路径选择工具选择图像时，实质是选中了图像上的所有锚点，因此可以对图像进行整体移动或变形。

使用直接选择工具选择锚点，首先需要在图像轮廓上单击以显示锚点，此时单击某个锚点即可将其选中；若要选择多个锚点，可按住【Shift】键依次单击，或拖出一个选取框进行选取。

二、钢笔工具组抠图制作

本例将使用钢笔工具组对核桃进行抠图，钢笔工具组中有添加、删除、转换锚点等工具，需要依据实际情况进行灵活选择。具体操作如下：

1. 导入“项目三任务 4 素材”素材图片，选择钢笔工具，按【Alt】键滚动鼠标滚轮放大工作区中的左侧核桃，单击确定起始锚点，然后沿着核桃的外部轮廓单击并拖动，产生第二个锚点，如图 3-4-2 所示。

图 3-4-2　钢笔工具起始锚点

2. 沿着核桃的边缘继续创建锚点，最后单击起始锚点，形成封闭的路径，效果如图 3-4-3 所示。可以发现，路径上有很多需要进一步调整的地方。

图 3-4-3　钢笔工具初步路径效果

3. 选择直接选择工具，单击选择需要调整的锚点进行拖动，或者用方向键微调，如图 3-4-4 所示。选中的锚点为实心小方形，未选中的为空心小方形。选中的锚点有两个小手柄，可以用鼠标拖拽调整方向和长短，实现对路径的调整。

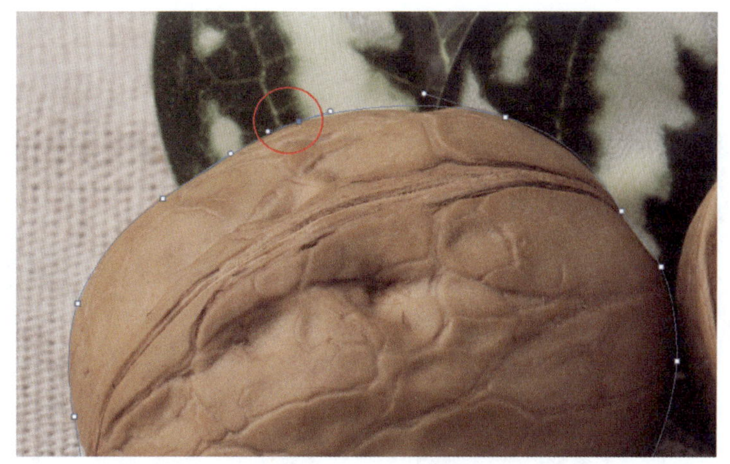

图 3-4-4　移动锚点

4. 选择添加锚点工具，在需要下凹的地方添加一个锚点，按住【Ctrl】键，调整新添加的点到合适位置，在需要上凸的地方添加一个锚点，同样进行调整，如图 3-4-5 所示。依次类推，沿着核桃边缘继续调整其他锚点。

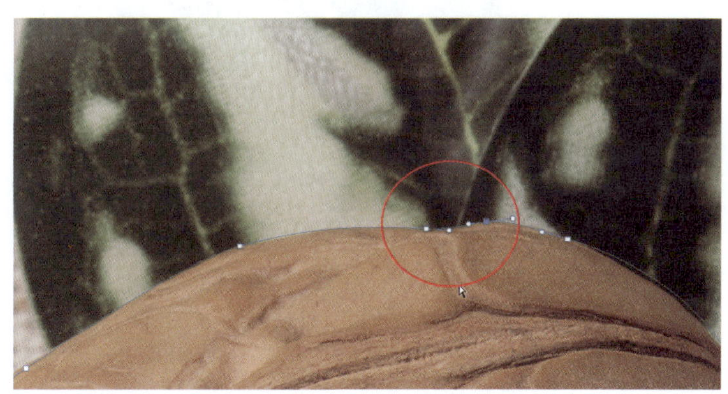

图 3-4-5　添加两个锚点效果

5. 选择删除锚点工具，在核桃底部冗余的锚点上单击，删除冗余的锚点，增加路径的平滑程度，如图 3-4-6 和图 3-4-7 所示。

图 3-4-6　删除锚点前

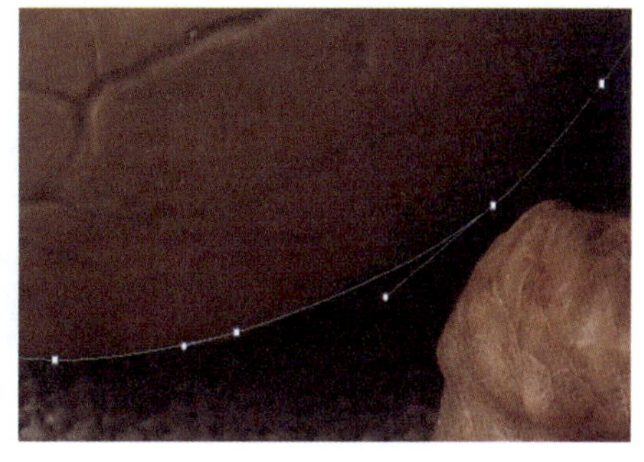

图 3-4-7　删除锚点后

6. 选择转换点工具，在核桃的尖端处两个锚点上依次单击，将锚点转换为角点，调整两侧的锚点，如图 3-4-8 和图 3-4-9 所示。

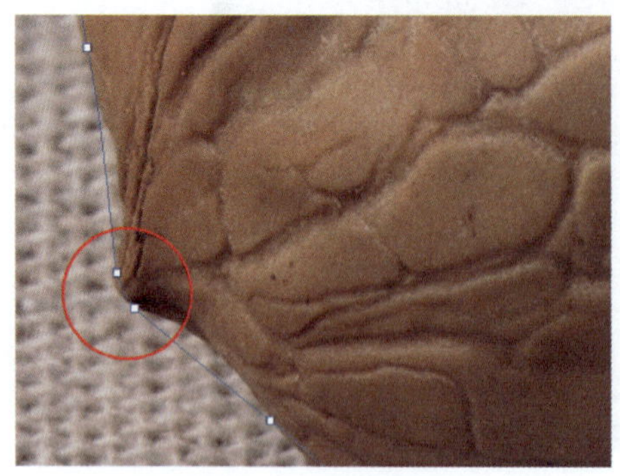
图 3-4-8　转换锚点前

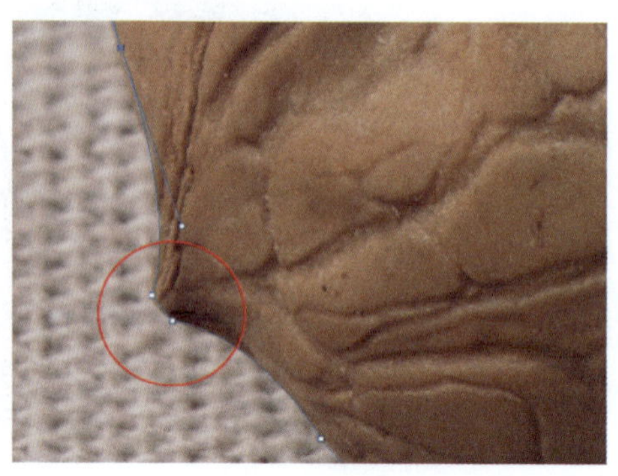
图 3-4-9　转换锚点后

7. 根据核桃的轮廓灵活选择工具进行锚点调整，调整完成后，按【Ctrl+Enter】组合键，将路径转换为选区，如图 3-4-10 所示。

图 3-4-10　路径转换为选区

8. 按【Ctrl+J】组合键复制到新图层，隐藏背景层，查看抠图效果如图 3-4-11 所示。

图 3-4-11　钢笔工具组抠图效果

任务实施

1. 各小组梳理完成“钢笔工具组抠图要点”的思维导图。
2. 利用思维导图将本任务所学到的知识点进行小组讨论与总结。
3. 对下图中的核桃进行抠图制作。

任务评价

任务完成后，请根据表 3-4-1 对小组任务完成情况进行评价。

表 3-4-1　　小组任务完成情况评价表

任务编号		任务名称		
小组名称		小组成员		
评价项目	评价内容	评价分值	得分	备注
信息收集	信息途径及资料收集整理情况	10		
掌握程度	熟练程度、应用条件	10		
计划制订	时间合理，分工明确，指令清晰	20		
执行过程	实施顺利，完成规定动作	25		
成果输出	成果有效，达到目标要求	20		
团队意识	小组合作，服从安排	5		
时间管理	遵守计划安排，规定时间完成	5		
学习态度	积极、主动、探究	5		

思考拓展

1. 钢笔工具组抠图适用的抠图场景有哪些？

2. 为了提高钢笔工具组各个工具之间的切换效率，采用什么方法可以快速灵活切换？

任务 5　图层混合模式抠图

学习目标

1. 熟悉并掌握图层混合模式抠图的要点。
2. 熟悉并掌握图层混合模式抠图的图层模式选择要点。
3. 能够使用图层混合模式进行抠图制作。
4. 能够灵活运用不同的图层模式。

任务引入

张伟、王平在抠图工作中，遇到一些背景为纯色并且阴影比较模糊的图片，但却需要高精度抠图，他们决定使用图层混合模式抠图，以进行仔细处理。

任务分析

部分图片采用之前的抠图方式，阴影很难抠出来，图层混合模式抠图则能很好地处理这种情况。

相关知识

一、基础知识

1. 图层混合模式设置

图层混合模式可以设置当前图层如何与下方图层进行颜色混合，以创建各种特殊融合效果。图层混合模式共 27 种（分为 6 组），在“图层”面板上部的下拉列表中可进行相应设置，如图 3-5-1 所示。

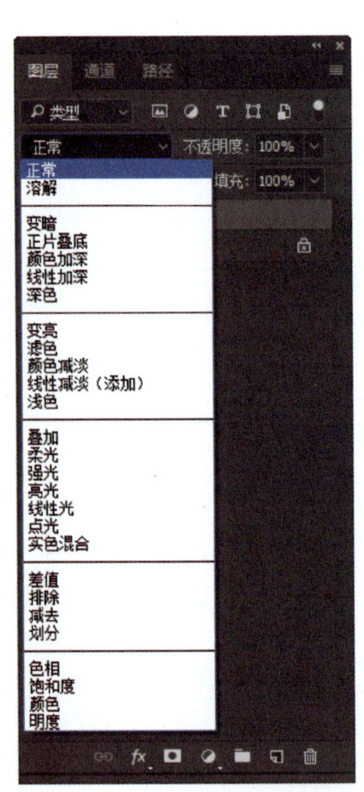

图 3-5-1　图层混合模式设置

使用图层混合模式，只要选中要添加混合模式的图层，然后在“图层”面板的混合模式菜单中找到所要的模式即可。

设置图层混合模式时，若想快速在各图层混合模式之间切换，可先选中要混合的图层，然后按【Shift++】或【Shift+-】组合键。

2. 图层混合模式选项

（1）正常模式组

• 正常：这是 Photoshop 默认的色彩混合模式，此时上层图层中的图像完全覆盖下层的图层，可以通过修改图层不透明度来透视下层中的图像。

• 溶解：编辑或者绘制每个像素，使其成为效果色混合后得到的颜色，可以根据像素位置的不透明度，随机替换基色当前图层下方图层的颜色和混合色（当前图层的颜色）。

（2）变暗模式组

• 变暗：查看每种颜色的颜色信息，选择基色和混合色中较暗的颜色作为效果色，比混合色亮的像素被替换，比混合色暗的像素保持不变。

• 正片叠底：查看每种颜色的颜色信息，并将基色和混合色复合，由于任何颜色与白色复合保持不变，与黑色复合变为黑色，所以效果色总是较暗的颜色。由于存在复合的步骤，所以正片叠底的效果比变暗模式显得更加自然和柔和。

• 颜色加深：查看每种颜色的颜色信息，通过增加对比度使基色变暗来反衬混合色，但是，与白色混合后不会产生任何变化。

• 线性加深：查看每种颜色的颜色信息，通过减小亮度使基色变暗来反衬混合色，同样与白色混合不产生变化，与颜色加深模式类似。

• 深色：查看每种颜色的颜色信息，选取其中较深的颜色作为混合色，不会产生新的颜色。

（3）变亮模式组

• 变亮：查看每种颜色的颜色信息，选择基色和混合色中较亮的颜色作为效果色，比混合色暗的像素被替换，比混合色亮的像素保持不变。

• 滤色：查看每种颜色的颜色信息，并将基色和混合色复合，由于任何颜色与黑色复合保持不变，与白色复合变为白色，所以效果色总是较亮的颜色。

• 颜色减淡：查看每种颜色的颜色信息，通过增加对比度使基色变亮来反衬混合色，但是，与黑色混合后不会产生任何变化。

• 线性减淡：查看每种颜色的颜色信息，通过增加亮度使基色变暗来反衬混合色，同样与黑色混合不产生变化，与颜色减淡模式类似。

• 浅色：查看基色和混合色的信息，选取其中较浅的颜色作为混合色，不会产生新的颜色。

（4）叠加模式组

• 叠加：复合或者过滤颜色，具体取决于基色，图案或者颜色在现有基础上相加，同时保留基色的明暗对比，不替换基色，但基色与混合色互相混合后反映颜色的亮度和暗度。

• 柔光：使颜色变亮或者变暗，具体取决于混合色。

• 强光：复合或过滤颜色，具体取决于混合色。

• 亮光：通过增加或者减小对比度来使图像更亮或者更暗，具体取决于混合色。

● 线性光：是“线性加深”和“线性减淡”的马太效应组合，亮的更亮，暗的更暗。

● 点光：是“变亮”和“变暗”的马太效应组合，亮的更亮，暗的更暗。

● 实色混合：查看每个通道的颜色信息，根据混合色替换颜色，如果混合色比 50% 的灰色亮，则替换此混合色为白色，反之，则为黑色。

（5）差值模式组

● 差值：查看每种颜色的颜色信息，从基色中减去混合色，或者从混合色中减去基色，具体看哪个颜色数值更大，与白色混合反转基色值，与黑色混合不产生变化。

● 排除：效果与差值类似，但是对比度更低。

● 减去：查看各通道的颜色信息，并从基色中减去混合色，如果出现负数就剪切为零。与基色相同的颜色混合得到黑色，白色与基色混合得到黑色，黑色与基色混合得到基色。

● 划分：查看每个通道的颜色信息，并用基色分割混合色。基色数值大于或等于混合色数值，混合出的颜色为白色。基色数值小于混合色，效果色比基色更暗，且效果色对比非常强。白色与基色混合得到基色，黑色与基色混合得到白色。

（6）色相模式组

● 色相：效果色保留混合色的色相。

● 饱和度：用混合色的饱和度以及基色的色相和明度创建效果色。

● 明度：用混合色的明度以及基色的色相与饱和度创建效果色。它跟颜色模式刚好相反，因此混合色图片只能影响图片的明暗度，不能对基色的颜色产生影响，黑、白、灰除外。黑色与基色混合得到黑色；白色与基色混合得到白色；灰色与基色混合得到明暗不同的基色。

二、图层混合模式抠图制作

本例将使用图层混合模式对小番茄图片进行抠图制作，图层混合模式的抠图经常用于纯色背景的抠图，一般为纯黑或者纯白背景，可利用相应图层混合模式快速完美地抠图。具体操作如下：

1. 导入“项目三任务 5 素材 1”和“项目三任务 5 素材 2”素材图片，将小番茄图片拖入背景图像中间的位置，将图层名称更改为“图层 1”，如图 3-5-2 所示。

图 3-5-2　小番茄图片导入背景

2. 在“图层”面板中，选中“图层 1”图层，将其图层混合模式设置为正片叠底，如图 3-5-3 所示。

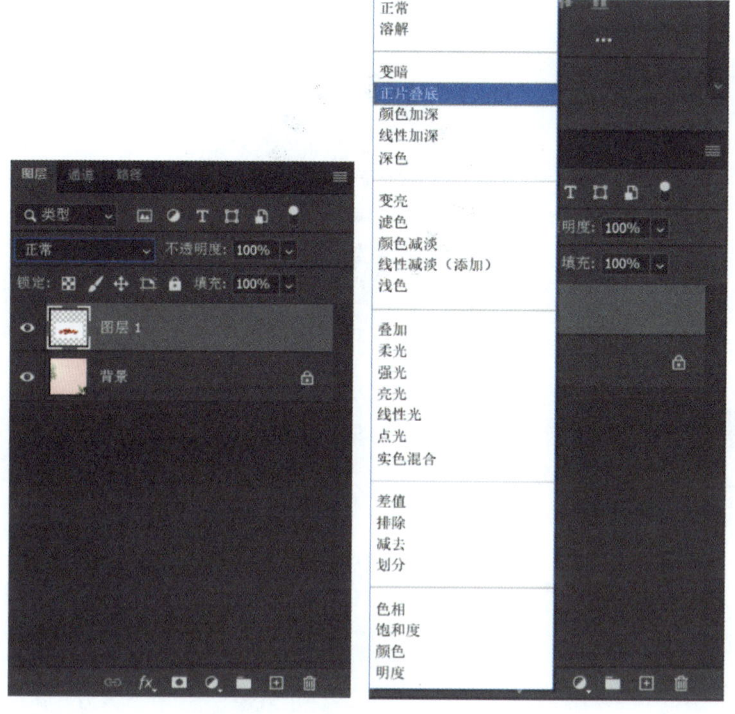

图 3-5-3 设置图层混合模式

3. 选中“图层 1”图层，按【Ctrl+T】组合键将图像等比例缩放，摆到合适的位置，这样就完成了制作，最终效果如图 3-5-4 所示。

图 3-5-4 最终效果

任务实施

1. 各小组梳理完成“图层混合模式抠图要点”的思维导图。

2. 利用思维导图将本任务所学到的知识点进行小组讨论与总结。
3. 以下图为样本进行图层混合模式抠图练习。

任务评价

任务完成后，请根据表 3-5-1 对小组任务完成情况进行评价。

表 3-5-1　小组任务完成情况评价表

任务编号		任务名称		
小组名称		小组成员		
评价项目	评价内容	评价分值	得分	备注
信息收集	信息途径及资料收集整理情况	10		
掌握程度	熟练程度、应用条件	10		
计划制订	时间合理，分工明确，指令清晰	20		
执行过程	实施顺利，完成规定动作	25		
成果输出	成果有效，达到目标要求	20		
团队意识	小组合作，服从安排	5		
时间管理	遵守计划安排，规定时间完成	5		
学习态度	积极、主动、探究	5		

思考拓展

1. 图层混合模式抠图适用的抠图场景有哪些?
2. 如何避免图层混合模式抠图存在的弊端?

任务 6　通道抠图

学习目标

1. 熟悉并掌握通道抠图的要点。

2. 能够使用通道抠图模式进行抠图制作。

3. 能够灵活运用不同的通道抠图模式。

任务引入

张伟、王平在抠图工作中，遇到了透明、半透明的瓶子商品图片，发现之前的抠图模式无法实现抠图，而通道抠图则能很好地处理这种情况。

任务分析

部分图片采用之前的抠图方式不理想，特别是透明、半透明的瓶子等很难抠出透明的感觉，通道抠图则能很好地处理这种情况。

相关知识

一、基础知识

1. 通道简介

在 Photoshop 中，通道是图像文件的一种颜色数据信息存储形式，它与图像文件的颜色模式密切关联，多个分色通道叠加在一起可以组成一幅具有颜色层次的图像。

从某种意义上来说，通道就是选区，也可以说通道就是存储不同类型信息的灰度图像。一个通道层同一个图像层之间最根本的区别在于图像的各个像素点的属性是以红、绿、蓝三原色的数值来表示的，而通道层中的像素颜色是由一组原色的亮度值组成的。通俗地说，通道是一种颜色的不同亮度，是一种灰度图像。

利用通道可以将勾画的不规则选区存储为一个独立的通道层，需要选区时，就可以方便地从通道中将其调出。

2. 通道类型

通道有 3 种类型，分别是颜色通道、Alpha 通道和专色通道。

（1）颜色通道

颜色通道是指存储图像色彩信息的通道。根据图像色彩模式的不同，图像的颜色通道数也不同。例如，一个 RGB 模式的图像，其每一个像素的颜色数据是由红色、绿色和蓝色这 3 种颜色分量组成的，所以有红、绿、蓝 3 个单色通道，而这 3 个单色通道又组合成了一个 RGB 复合通道，所以 RGB 图像共有 4 个通道。对于 CMYK 模式的图像，有青、洋红、黄、黑 4 个单色通道，及其组合而成的一个 CMYK 复合通道，所以 CMYK 图像共有 5 个通道。如图 3-6-1 所示，不同的颜色在各自的颜色通道中可以独立编辑，不会影响到其他的颜色分量。

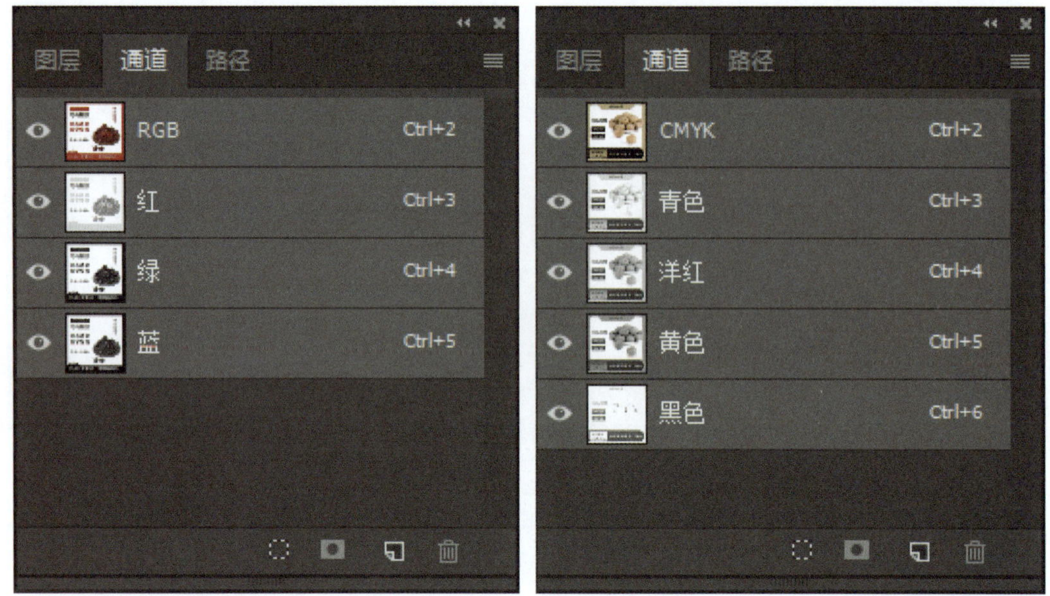

图 3-6-1　颜色通道

（2）Alpha 通道

在图像中创建选区之后，可以将选区保存为通道，称为 Alpha 通道。使用 Alpha 通道可以将选区范围作为 8 位灰度图像保存，在需要时可再次载入。

（3）专色通道

在 Photoshop 中，除了颜色通道和 Alpha 通道之外，还有一种专色通道。专色是为了补充印刷时的不足而采用的一种方法，一般印刷时采用 CMYK 四色印刷，所有颜色都是由这 4 种颜色混合而成。采用专色印刷不会因为油墨配比偏差而出现颜色的偏色现象，从而保证了专色印刷质量。

3. “通道”面板

在 Photoshop 中要对通道进行操作，必须使用“通道”面板，执行“窗口>通道”命令，即可打开“通道”面板，在面板中将会根据颜色文件的颜色模式显示通道数量，如图 3-6-2 所示。

在“通道”面板中可以通过直接单击通道选择所需通道，也可以按住【Shift】键单击选中多个通道。所选择的通道会以高亮的方式显示，当用户选择复合通道时，所有分色通道都以高亮方式显示。

“通道”面板中其他组成元素较为简单，各元素作用如下：

- 将通道作为选区载入按钮: 单击该按钮，可以将通道中的图像内容转换为选区；按住【Ctrl】键单击通道缩览图也可将通道作为选区载入。
- 将选区存储为通道按钮: 单击该按钮，可以将当前图像中的选区以图像方式存储在自动创建的 Alpha 通道中。

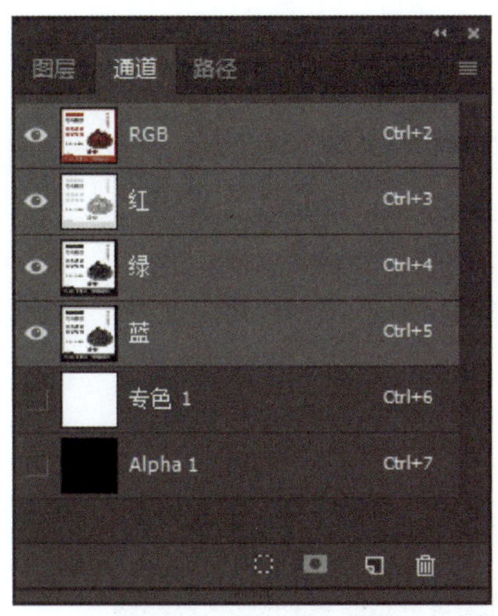

图 3-6-2 “通道”面板

- 创建新通道按钮：单击该按钮，即可在“通道”面板中创建一个新通道。
- 删除当前通道按钮：单击该按钮，可以删除当前用户所选择的通道，但不能删除图像的原通道。

二、通道抠图制作

本例将使用通道对玻璃瓶进行抠图制作，制作过程有些复杂，同时牵涉 2 种组合抠图工具及命令，需要掌握抠图方法的多种变换形式。具体操作如下：

1. 导入“项目三任务 6 素材”素材图片，选择工具箱中的钢笔工具，沿玻璃瓶边缘位置绘制一个封闭路径，如图 3-6-3 所示。

2. 按【Ctrl+Enter】组合键将刚才所绘制的封闭路径转换成选区，如图 3-6-4 所示。

3. 执行菜单栏中的“图层>新建>通过拷贝的图层”命令，此时将生成一个“图层 1”图层，再将“背景”图层删除，如图 3-6-5 所示。

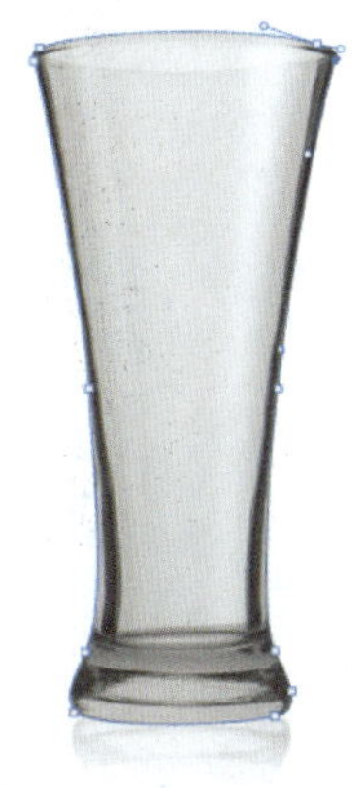

图 3-6-3 绘制路径

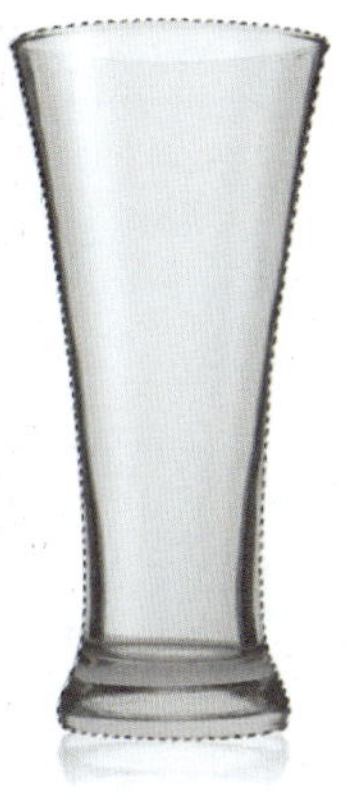

图 3-6-4 转换选区

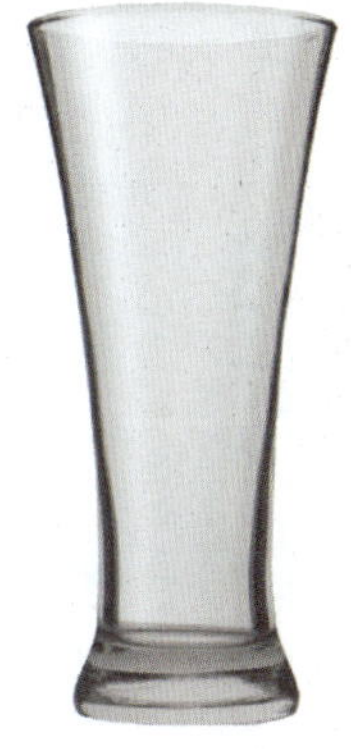

图 3-6-5 复制并删除图层

4. 单击面板底部的“创建新图层”按钮，新建一个“图层 2”图层，将“图层 2”移至“图层 1”下方，再将其图层填充为黑色，如图 3-6-6 所示。

5. 在“通道”面板中，选中“蓝拷贝”通道，将其拖至面板底部，单击“创建新图层”按钮，复制“蓝拷贝”通道，如图 3-6-7 所示。

6. 选中“蓝拷贝”通道，执行菜单栏中的“图像＞调整＞色阶”命令，在弹出的对话框中将其数值更改为 57、0.13、253，完成之后单击“确定”按钮，如图 3-6-8 所示。

7. 选中“蓝拷贝”图层，执行菜单栏中的“滤镜＞模糊＞高斯模糊”命令，在弹出的对话框中将半径更改为 1，完成之后单击“确定”按钮，如图 3-6-9 所示。

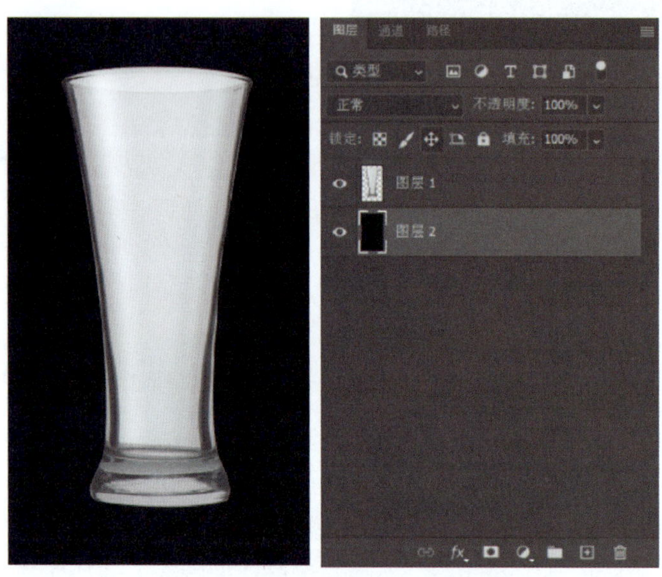

图 3-6-6　新建图层并填充颜色

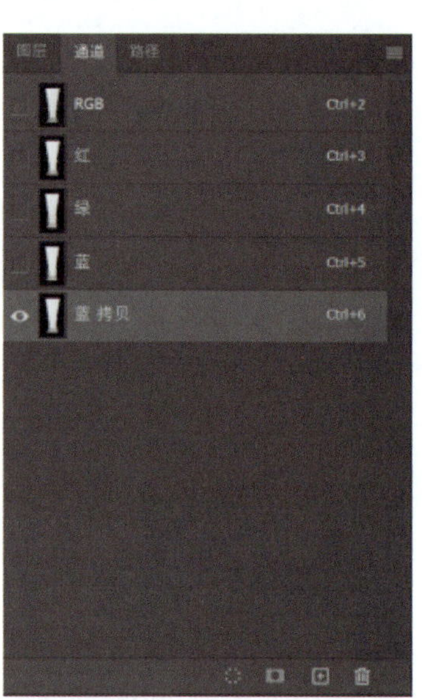

图 3-6-7　复制通道

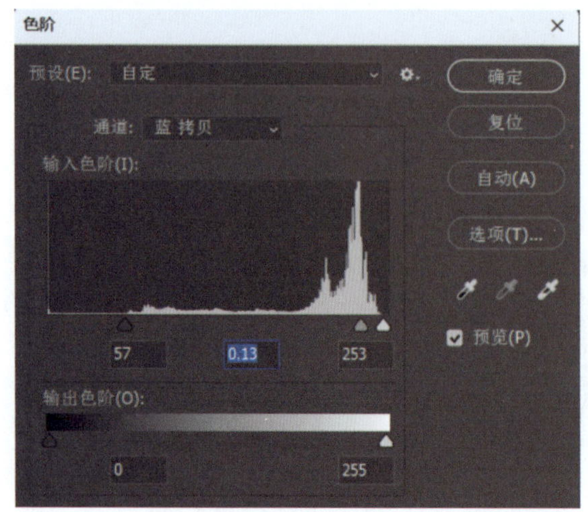

图 3-6-8　调整色阶

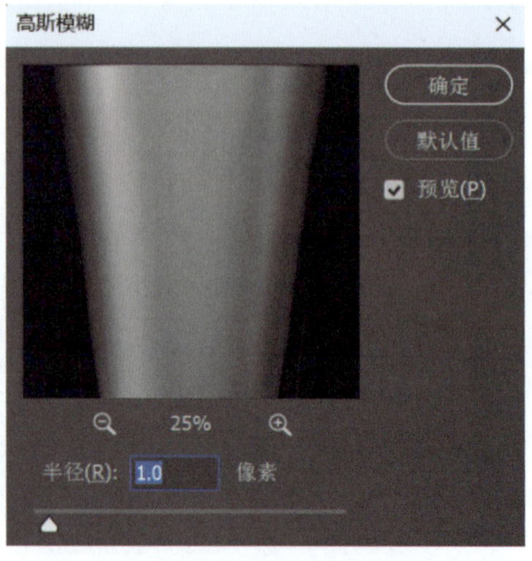

图 3-6-9　设置高斯模糊

8. 按住【Ctrl】键并单击“蓝拷贝”通道名称，将其载入选区，如图 3-6-10 所示。

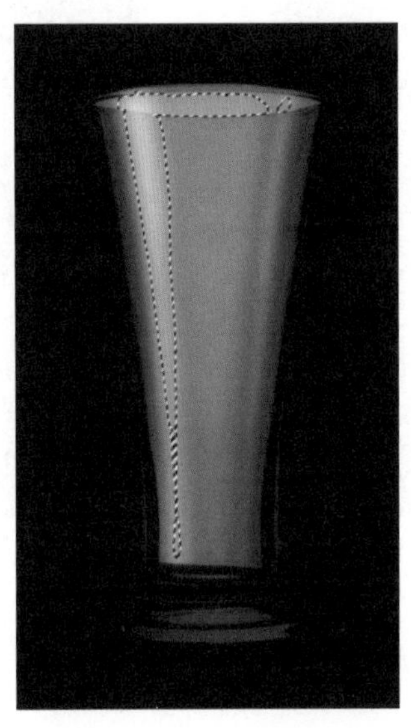

图 3-6-10　创建选区

9. 在“图层”面板中，选中“图层 1”图层，单击面板底部的“添加图层蒙版”按钮，为其图层添加图层蒙版，将瓶子的高光区域显示，如图 3-6-11 所示。

图 3-6-11　添加图层蒙版

10. 执行菜单栏中的“图层＞新建＞通过拷贝的图层”命令，此时将生成一个“图层 1 拷贝”图层，再将“图层 1”的图层蒙版删除，如图 3-6-12 所示。

11. 在“图层”面板中，选中“图层 1”图层，其图层混合模式设置为正片叠底（见图3-6-13），不透明度更改为75%，并将“图层2”图层暂时隐藏，最终效果如图3-6-14所示。

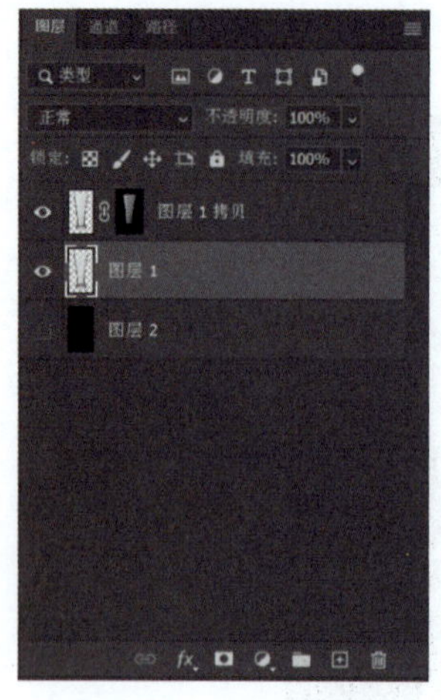

图 3-6-12 复制“图层 1”

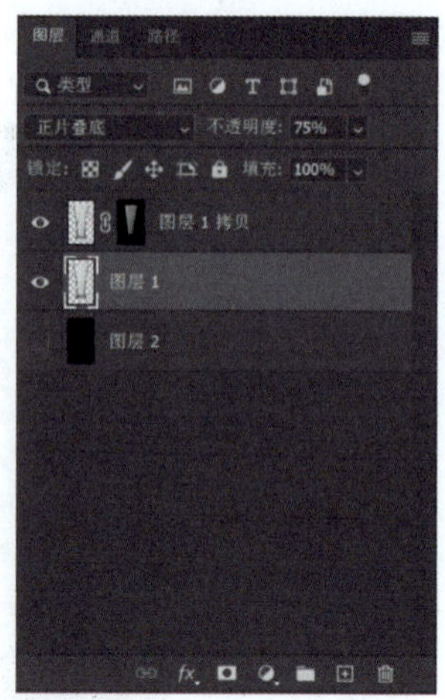

图 3-6-13 设置正片叠底

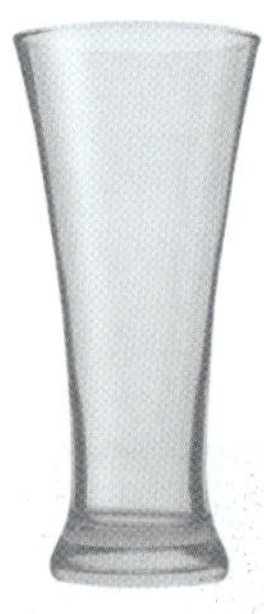

图 3-6-14 最终效果

任务实施

1. 各小组梳理完成“通道抠图制作要点”的思维导图。
2. 利用思维导图将本任务所学到的知识点进行小组讨论与总结。
3. 对下图的玻璃杯进行通道抠图制作。

任务评价

任务完成后，请根据表 3-6-1 对小组任务完成情况进行评价。

表 3-6-1 小组任务完成情况评价表

任务编号		任务名称		
小组名称		小组成员		
评价项目	评价内容	评价分值	得分	备注
信息收集	信息途径及资料收集整理情况	10		
掌握程度	熟练程度、应用条件	10		
计划制订	时间合理，分工明确，指令清晰	20		
执行过程	实施顺利，完成规定动作	25		
成果输出	成果有效，达到目标要求	20		
团队意识	小组合作，服从安排	5		
时间管理	遵守计划安排，规定时间完成	5		
学习态度	积极、主动、探究	5		

思考拓展

1. 通道抠图适用的抠图场景有哪些?

2. 通道抠图除了可以和图层混合模式抠图组合使用，还可以跟哪些抠图模式组合使用?

任务 7　其他抠图

学习目标

1. 熟悉并掌握选择并遮住抠图方法的要点。
2. 熟悉并掌握色彩范围抠图方法的要点。
3. 能够使用特殊抠图方法进行抠图。

任务引入

在执行抠图任务的时候，张伟、王平发现除之前使用的抠图方法外，还有其他一些快捷好用的抠图方法可以实现抠图制作。

任务分析

Photoshop 作为一款专业的图像处理软件，功能十分强大，除一些常用的抠图方法外，还有选择并遮住抠图、色彩范围抠图、主体抠图等其他抠图方法。

相关知识

一、基础知识

1. 选择并遮住抠图

抠图有很多种方法，针对不同的图片可以选择不同的方法，选择并遮住方法可以很好地抠取毛发质感的图片。它的原理是对所选颜色进行自动识别，把相关的颜色保留下来，不相关的颜色自动减去。

执行“选择>选择并遮住”命令，或者按【Alt+Ctrl+R】组合键打开面板，如图 3-7-1 所示。

图 3-7-1 “选择并遮住”面板

在面板左侧的工具箱中，快速选择工具或者套索工具用于选择物体的主体选区，画笔工具用于选区细节的调整，调整边缘画笔工具用于毛发边缘部分的调整选择。

面板右侧可以选择视图的模式，根据需要进行视图的选择，选择合适的视图和自己习惯的蒙版颜色，如图 3-7-2 所示。

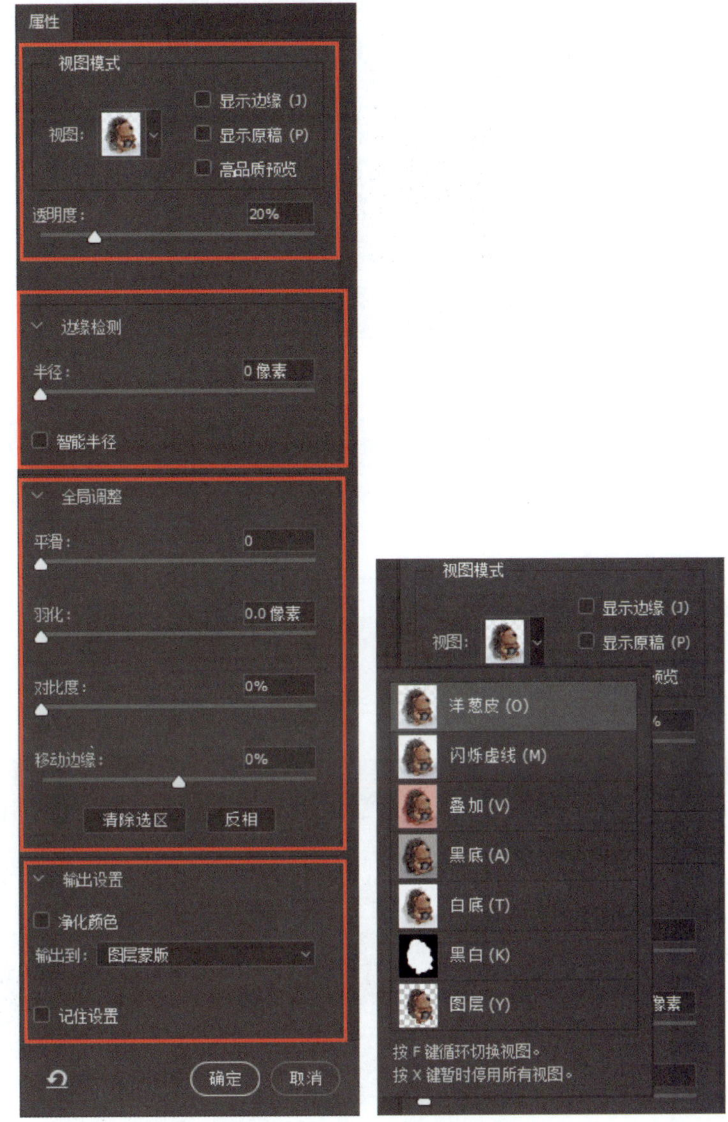

图 3-7-2　属性及视图模式

其中，“显示边缘”就是边缘检测里面的显示半径，即抠图的识别区域，以选区边缘为圆心向内、向外扩展像素，半径的数值就是边缘检测的半径设置。全局调整部分进行平滑、羽化、对比度和移动边缘的设置，这四个值相互影响、共同调节。输出设置部分建议选择“新建带有图层蒙版的图层”。

2. 色彩范围抠图

色彩范围抠图一般用于处理颜色差距较大的图片。执行“选择>色彩范围”命令，打开“色彩范围”面板，如图 3-7-3 所示。

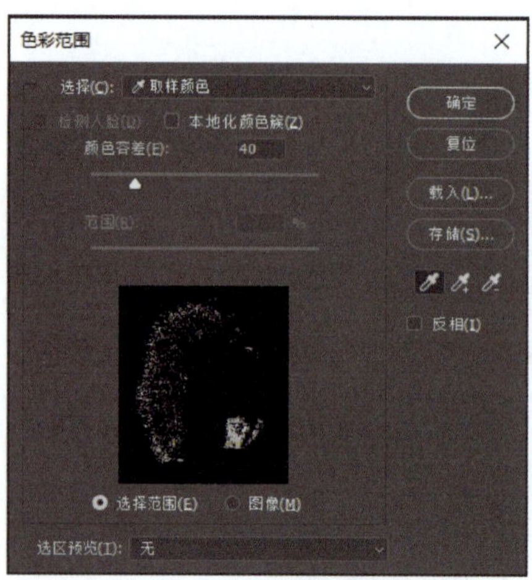

图 3-7-3 “色彩范围”面板

可以直接使用吸管工具在图片上选取需要的颜色，选区后就会发现“色彩范围”面板中的图片发生了变化，白色部分是已选择的部分，黑色部分是未选择的部分。

3. 主体抠图

主体抠图是 Photoshop CC 版本中新加入的功能，一般用于处理人物或者前后景差异比较大、边界明显的图片，当遇到此类图片时，可以直接使用主体抠图的功能。

执行“选择>主体”命令，会自动创建主体选区，如图 3-7-4 所示。

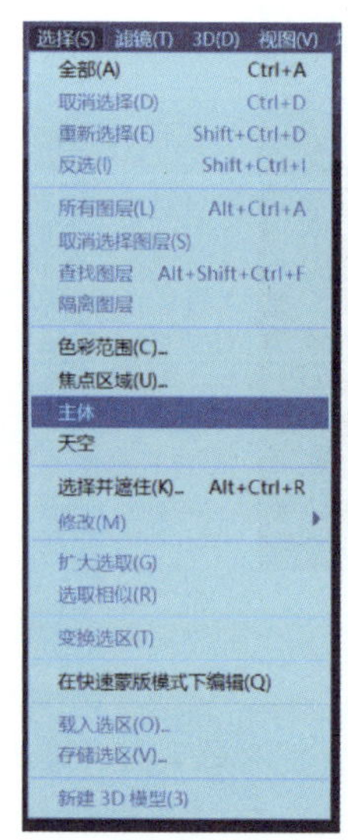

图 3-7-4 主体抠图

二、其他抠图制作

本例将使用色彩范围功能对大枣进行抠图制作。本例中的大枣图片可能会因为边缘不清晰而无法抠出平滑的图像，考虑到底色为白色，利用功能强大的色彩范围命令可进行完美抠图。具体操作如下：

1. 执行菜单栏中的“文件>打开”命令，导入“项目三任务 7 素材”素材图片，如图 3-7-5 所示。

图 3-7-5　导入“项目三任务 7 素材”素材图片

2. 执行菜单栏中的“选择>色彩范围”命令，在弹出的对话框中单击“从取样中减去”图标，单击预览区中大枣以外的白色区域，将部分取样减去，如图 3-7-6 所示。

图 3-7-6　设置色彩范围

3. 设置色彩范围完成之后单击“确定”按钮创建选区，如图 3-7-7 所示。

图 3-7-7　创建选区

4. 执行菜单栏中的“图层 1＞新建＞通过拷贝的图层”命令，单击“背景”图层名称前方的“指示图层可见性”图标将其隐藏，这样就完成了抠图制作，最终效果如图 3-7-8 所示。

图 3-7-8　隐藏图层及最终效果

任务实施

1. 各小组梳理完成“选择并遮住抠图、色彩范围抠图、主体抠图制作要点”的思维导图。

2. 利用思维导图将本任务所学到的知识点进行小组讨论与总结。

3. 对下图中的小番茄进行选择并遮住抠图、色彩范围抠图、主体抠图练习。

任务评价

任务完成后，请根据表 3-7-1 对小组任务完成情况进行评价。

表 3-7-1　　　　　　小组任务完成情况评价表

任务编号		任务名称		
小组名称		小组成员		
评价项目	评价内容	评价分值	得分	备注
信息收集	信息途径及资料收集整理情况	10		
掌握程度	熟练程度、应用条件	10		
计划制订	时间合理，分工明确，指令清晰	20		
执行过程	实施顺利，完成规定动作	25		
成果输出	成果有效，达到目标要求	20		
团队意识	小组合作，服从安排	5		
时间管理	遵守计划安排，规定时间完成	5		
学习态度	积极、主动、探究	5		

思考拓展

1. 选择并遮住抠图、色彩范围抠图、主体抠图适用的抠图场景有哪些？

2. 选择并遮住抠图、色彩范围抠图、主体抠图分别适用于抠取哪些图片？分别有什么优缺点？

项目四 图像色彩处理

项目引入

拍摄商品图片时，有时会发生曝光过度或曝光不足的情况，有时拍出的商品图片颜色会有所偏差或不够鲜亮，这些都需要后期进行调色处理来完善。另外，为了增加图片的质感，也常会通过色彩与画质的完善来更好地体现商品的特性。

项目背景

张伟、王平两位同学在某电商公司实习了一段时间，学习了图片的基本处理和抠图技能，接下来他们要开始进行图像色彩的处理工作。

任务 1 基本调色

学习目标

1. 熟悉并掌握基本调色的要点。
2. 熟悉并掌握基本调色的思路。
3. 能够对图片进行基本调色。
4. 能够灵活选择调色工具。

任务引入

张伟、王平接到一批商品图片，需要进行基本调色处理。他们发现这些图片有的曝光过度、颜色偏淡，有的曝光不足、颜色暗沉，需要进行适当调整。

任务分析

针对商品图片曝光的问题，在 Photoshop 软件中，可以采用调整命令组中的若干命令来进行调整。色阶、曝光度、亮度 / 对比度等工具都可以很好地解决这个问题。

相关知识

一、基础知识

1. 直方图

直方图是指曝光良好的图片，在不同的亮度级别下细节非常丰富，各亮度值上都有像素分布，像一座起伏波荡的小山丘。

直方图能够显示一张图片中色调的分布情况，揭示图片中每一个亮度级别下像素出现的数量，根据这些数值所绘出的图像形态，可以初步判断图片的曝光情况。

2. 色阶

色阶是表示图片亮度强弱的指数标准，也就是常说的色彩指数。图片的色彩丰满度和精细度是由色阶决定的。色阶是指亮度，与颜色无关，一般最亮的为白色，最不亮的为黑色。

色阶调整命令允许通过调整图片的暗调、中间调和高光等强度级别校正图片的色调范围和色彩平衡。色阶直方图用作调整图片基本色调的直观参考。

在菜单中执行“图像＞调整＞色阶”命令，或者按【Ctrl+L】组合键，会弹出如图 4-1-1 所示的“色阶”对话框。

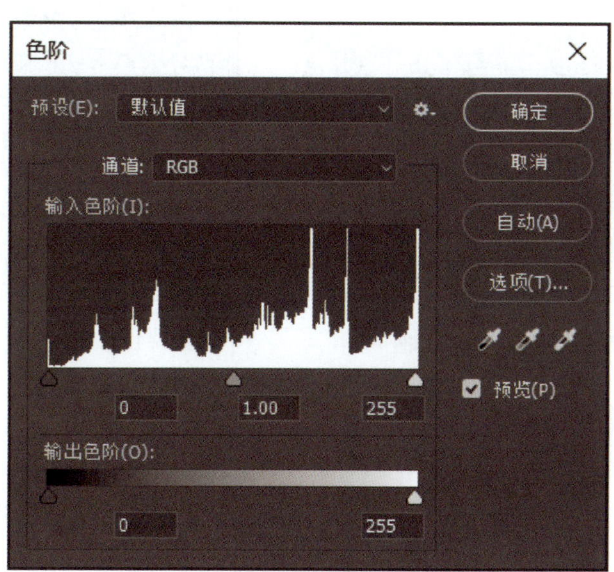

图 4-1-1 “色阶”对话框

其中几个参数的含义如下：

● 通道：在下拉列表中可以选择所要进行色调调整的颜色通道。

● 输入色阶：在“输入色阶”文本框中可以输入所需的数值或拖移直方图下方的滑块来分别设置图片的暗调、中间调和高光。将“输入色阶”的黑部和亮部滑块拖移到直方图的任意一端的第一组像素的边缘，或直接在第一个和第三个“输入色阶”文本框中输入数值来调整暗调和高光。

● 输出色阶：拖移“输出色阶”的黑部和亮部滑块或在文本框中输入数值可以定义新的暗调和高光值。拖动“输出色阶”的亮部滑块向右到适当位置，即可把图片整体调亮。

3. 亮度 / 对比度

使用“亮度 / 对比度”命令是调整图片色调最简单的方法，此命令可以一次性调整图片中所有像素（包括高光、暗调和中间调）的亮度和对比度。

执行“图像＞调整＞亮度 / 对比度”命令，打开“亮度 / 对比度”对话框，分别拖动滑块或输入数值增加或降低“亮度”和“对比度”的值，然后单击“确定”按钮即可，如图 4-1-2 所示。

4. 色相 / 饱和度

使用“色相 / 饱和度”命令可以调整图片整体颜色或单个颜色的色相、饱和度和明度，从而改变图片的颜色或为黑白图片上色。

执行“图像＞调整＞色相 / 饱和度”命令，或者按【Ctrl+U】组合键，打开“色相 / 饱和度”对话框，如图 4-1-3 所示，左右拖动“色相”“饱和度”和“明度”滑块，即可调整图片色彩。

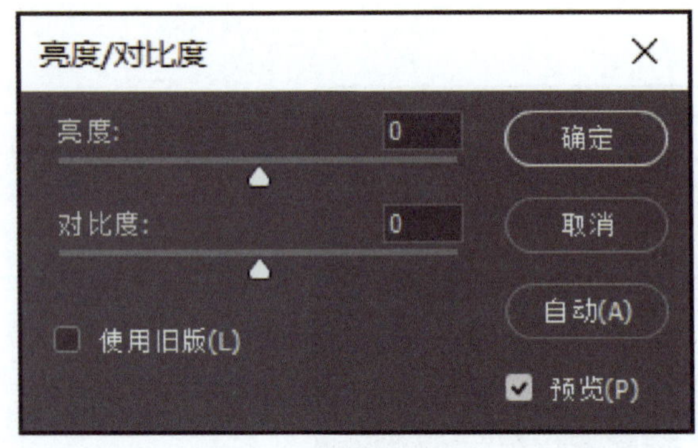

图 4-1-2 “亮度 / 对比度”对话框

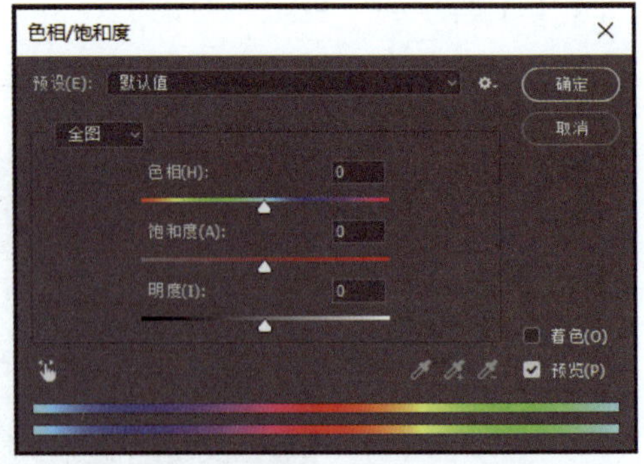

图 4-1-3 “色相 / 饱和度”对话框

其中几个参数的含义如下：

● 工作区：在该下拉列表中选择要调整的颜色。

● 全图：选择全图可以一次性调整所有颜色。如果选择其他的单色（如红色），则会在下方的两个颜色条之间出现几个滑块，同时吸管工具也成为活动显示。

● 色相：也就是常说的颜色，在“色相”文本框中输入一个数值（数值范围

为 -180～+180）或拖移滑块，可以显示所需的颜色。

● 饱和度：是指一种颜色的纯度，颜色越纯，饱和度越大，否则相反。

● 明度：是指色调，即图片的明暗度。将“明度”滑块向右拖移增加明度，向左拖移减少明度，也可以在文本框中输入 -100～+100 之间的数值。

● 着色：勾选“着色”复选框则图片被转换为当前前景色的色相，如果前景色不是黑色或白色，则每个像素的明度值不改变。

二、基本调色制作

本例将对曝光过度的大枣图片和曝光不足的瓜子图片进行基本明暗的调色处理。通过直方图来判断图片的曝光程度，使用色阶、曝光度、色相 / 饱和度来调整明暗以及增加颜色的饱满程度，从而实现基本调色制作。具体操作如下：

1. 打开“项目四任务 1 素材 1”素材图片，执行菜单栏中“窗口>直方图”命令，如图 4-1-4 所示，可以看到图片中像素集中在亮部，图片存在曝光过度现象。

图 4-1-4　曝光过度直方图效果

2. 单击“图层”面板底部的“创建新的填充或调整图层”，选择色阶命令（见图 4-1-5），创建色阶调整图层，设置参数如图 4-1-6 所示。

3. 同上面的方法，创建“曝光度”调整图层，设置曝光度为 -0.9，灰度系数校正为 0.8，如图 4-1-7 所示。

4. 创建“色相 / 饱和度”调整图层，对颜色进行调整，如图 4-1-8 所示，具体饱和度参数为 50，调整后效果如图 4-1-9 所示。

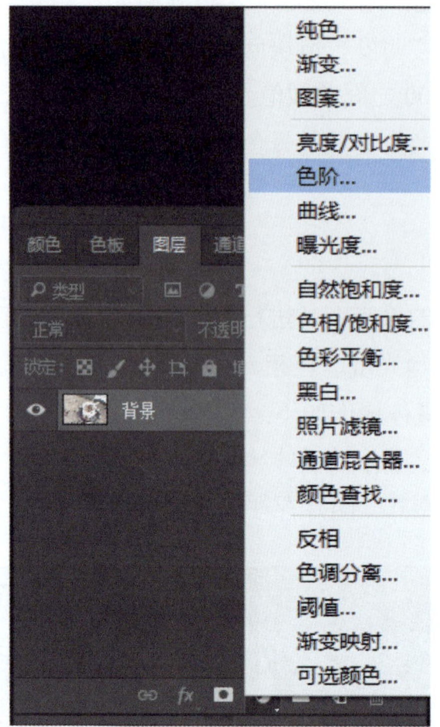

图 4-1-5　选择色阶命令

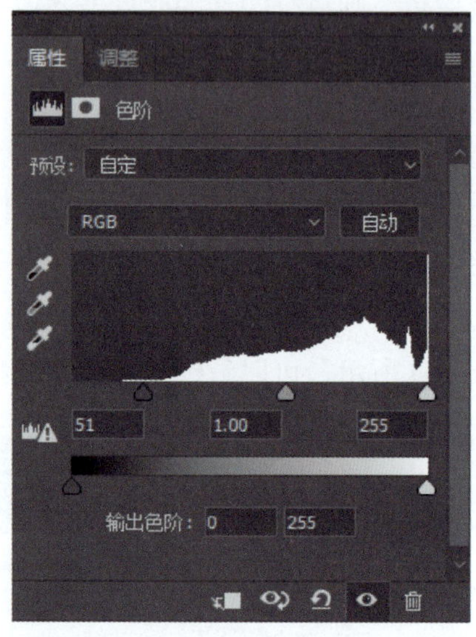

图 4-1-6　色阶调整

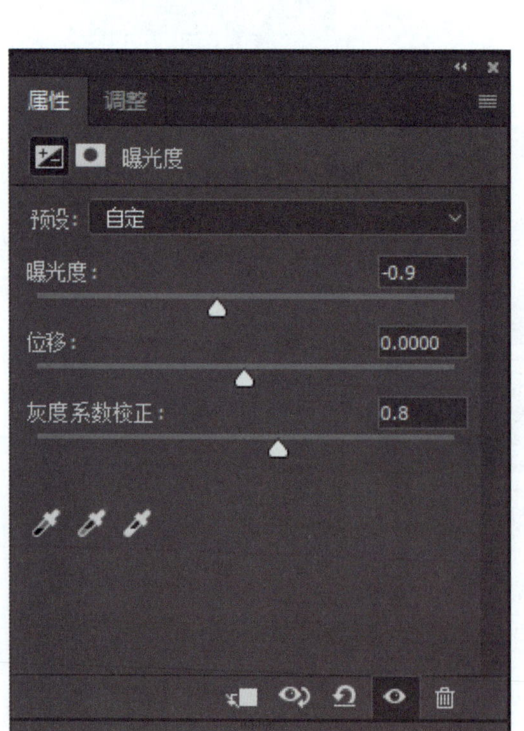

图 4-1-7　曝光度调整

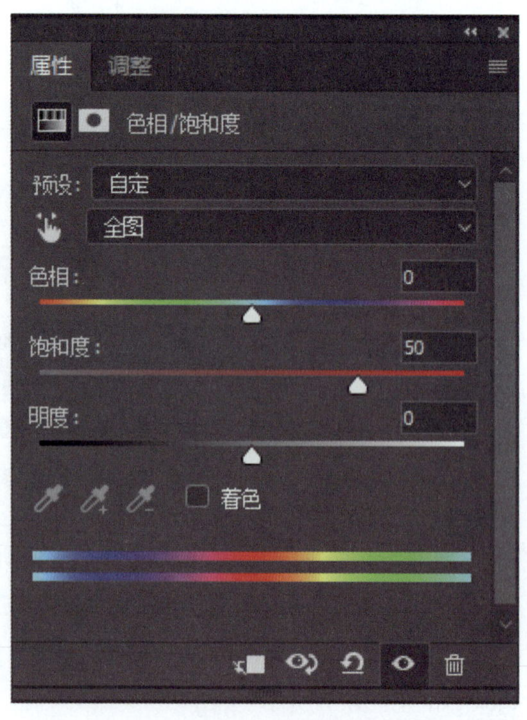

图 4-1-8　色相 / 饱和度调整

图 4-1-9　调整后效果

5. 导入“项目四任务 1 素材 2”素材图片，打开直方图（见图 4-1-10），可以看到图片中像素集中在暗部，照片存在曝光不足现象。

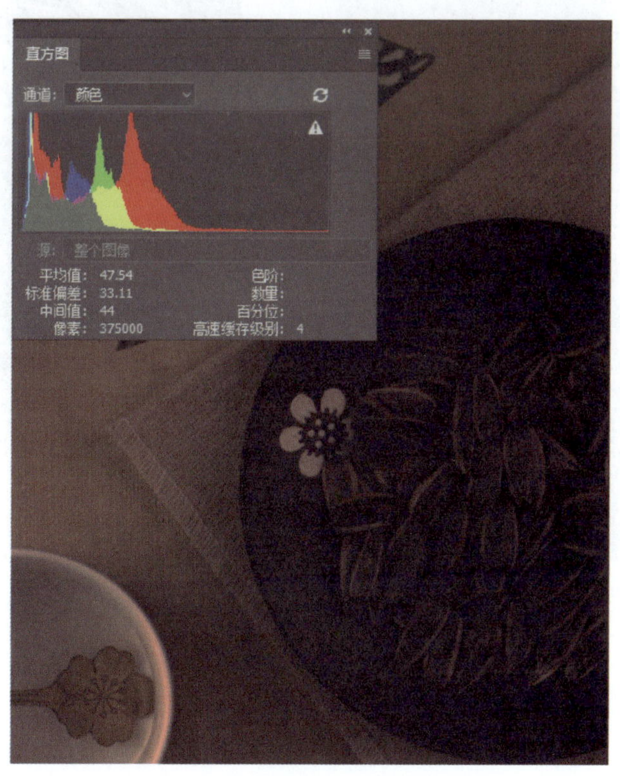

图 4-1-10　曝光不足直方图效果

6. 创建“亮度 / 对比度”调整图层，设置亮度为 100，如图 4-1-11 所示。

7. 创建“色阶”调整图层，设置参数如图 4-1-12 所示，创建“色相 / 饱和度”调整图层，设置饱和度为 -22，如图 4-1-13 所示，最终效果如图 4-1-14 所示。

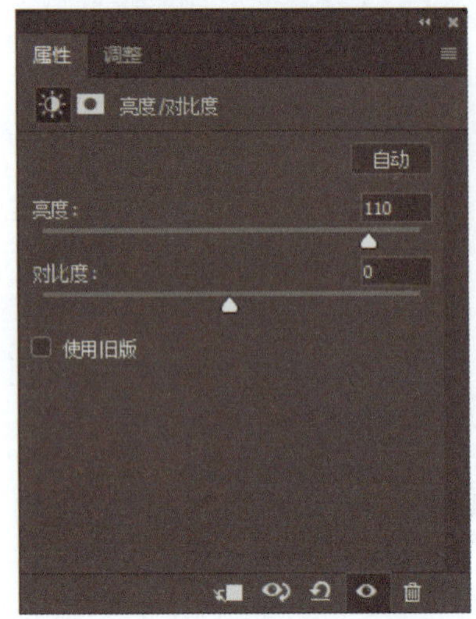

图 4-1-11　亮度 / 对比度调整

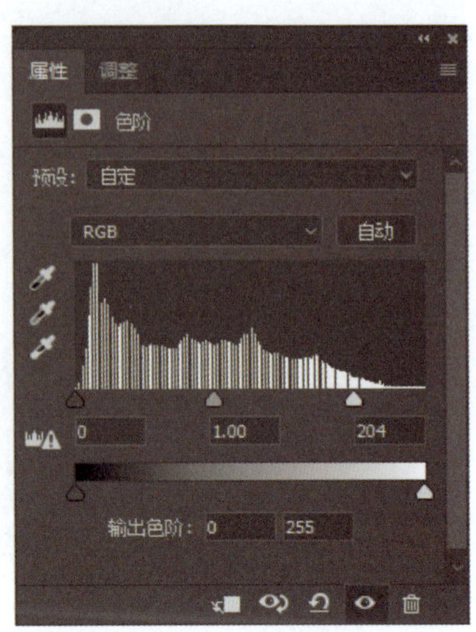

图 4-1-12　色阶调整

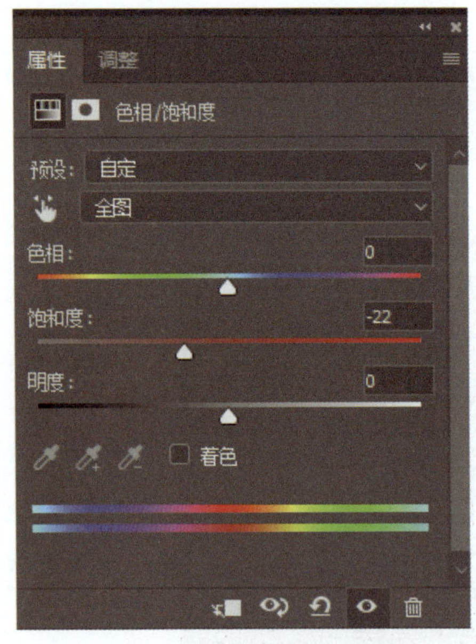

图 4-1-13　色相 / 饱和度调整

图 4-1-14　最终效果

任务实施

1. 各小组梳理完成“曝光过度调色思路”和“曝光不足调色思路”的思维导图。
2. 利用思维导图将本任务所学到的知识点进行小组讨论与总结。
3. 为下图进行基本调色制作。

任务评价

任务完成后，请根据表 4-1-1 对小组任务完成情况进行评价。

表 4-1-1　　小组任务完成情况评价表

任务编号		任务名称		
小组名称		小组成员		
评价项目	评价内容	评价分值	得分	备注
信息收集	信息途径及资料收集整理情况	10		
掌握程度	熟练程度、应用条件	10		
计划制订	时间合理，分工明确，指令清晰	20		
执行过程	实施顺利，完成规定动作	25		
成果输出	成果有效，达到目标要求	20		
团队意识	小组合作，服从安排	5		
时间管理	遵守计划安排，规定时间完成	5		
学习态度	积极、主动、探究	5		

思考拓展

1. 曝光过度和曝光不足的图片在色阶调整中的设置有哪些区别？
2. 在调整曝光问题上，你还有哪些想法？

任务 2　增强调色

学习目标

1. 熟悉并掌握增强调色的要点。

2. 熟悉并掌握增强调色的思路。

3. 能够灵活选择工具对图片进行增强调色。

任务引入

张伟、王平在对图片进行调色处理的过程中，发现有些图片存在轻微偏色、颜色暗淡，以及商品细节不突出等问题，需要进行更细致的增强调色。

任务分析

Photoshop 调整命令组中的色彩平衡命令可以很好地解决偏色问题；增强明暗对比与饱和度命令可以使色彩更饱满；而采用锐化滤镜是使商品细节更精细的最简单有效的方法。可以采用上述方法来对图片进行增强调色。

相关知识

一、基础知识

1. 曲线

曲线命令与色阶命令类似，都可以调整图片的整个色调范围，是应用非常广泛的色调调整命令。不同的是曲线命令不仅使用三个变量（高光、暗调、中间调）进行调整，而且还可以调整 0～255 范围内的任意点，同时保持 15 个其他值不变。也可以使用曲线命令对图像中的个别颜色通道进行精确的调整。

执行“图像>调整>曲线”命令，或者按【Ctrl+M】组合键，弹出如图 4-2-1 所示的对话框。

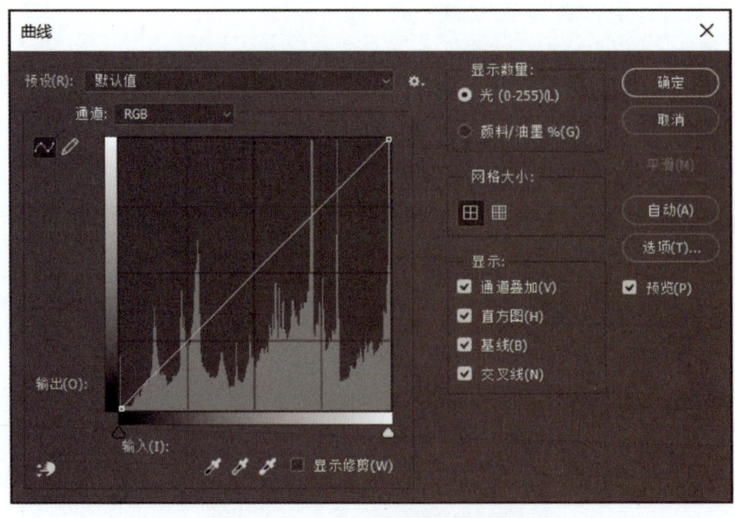

图 4-2-1　“曲线”对话框

主要参数的含义如下：

● 通道：在其下拉列表中可以选择需要调整色调的通道。如在处理某一通道颜色明显偏重的 RGB 图像或 CMYK 图像时，就可以只选择这个通道进行调整，而不会影响到其他颜色通道的色调分布。

● 调整区：水平色带代表横坐标，表示原始图像中像素的亮度分布，也就是输入色阶。垂直色带代表纵坐标，表示调整后图像中像素的亮度分布，也就是输出色阶，其变化范围均在 0～255 之间。对角线用来显示当前输入和输出数值之间的关系，调整前的曲线是一条角度为 45 度的直线，说明所有像素的输入与输出亮度相同。用曲线调整图像色阶的过程，也就是通过调整曲线的形状来改变输入、输出亮度，从而更改整个图像的色阶。如果选择 RGB 复合通道，则会对整个图像进行调整。

2. 色彩平衡

利用色彩平衡命令可以快速调整偏色的图片。它可以单独调整图像的暗调、中间调和高光的色彩，使图像恢复正常的色彩平衡关系。

执行“图像＞调整＞色彩平衡”命令，或者按【Ctrl+B】组合键，打开“色彩平衡”对话框，如图 4-2-2 所示，在“色彩平衡”设置区选择需要调整的色调范围，然后拖动相应滑块，即可调整图像色彩。

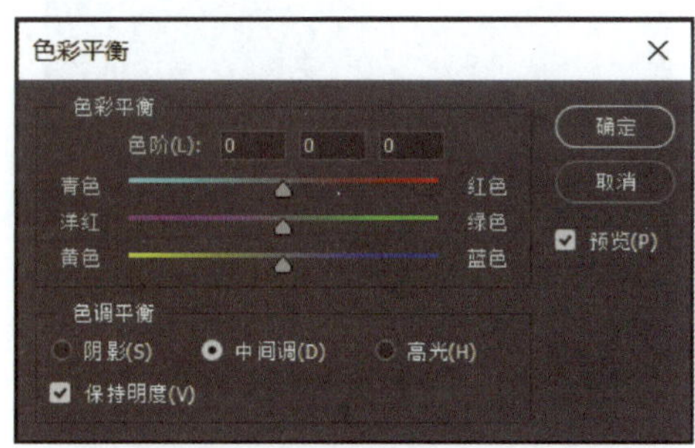

图 4-2-2 “色彩平衡”对话框

主要参数的含义如下：

● 色阶：在三个文本框中输入所需的数值或拖动滑杆上的滑块，可以增加或减少图像中的颜色。

● 色调平衡：在该栏中可以选择阴影、中间调和高光选项，来控制校正图像的范围。其中的“保持明度”选项在默认情况下是勾选的，以防止更改颜色时同时亮度值会发生变化。

3. 自然饱和度

使用自然饱和度命令可以将图像的色彩调整到自然的鲜艳状态。与饱和度相比，自然饱和度会智能检测鲜艳程度，只控制饱和度低的颜色，调整效果更加自然，能够保护图像中的很多细节。

执行“图像＞调整＞自然饱和度”命令，打开“自然饱和度”对话框，左右拖动“自然饱和度”或“饱和度”滑块，即可调整图像饱和度，如图 4-2-3 所示。

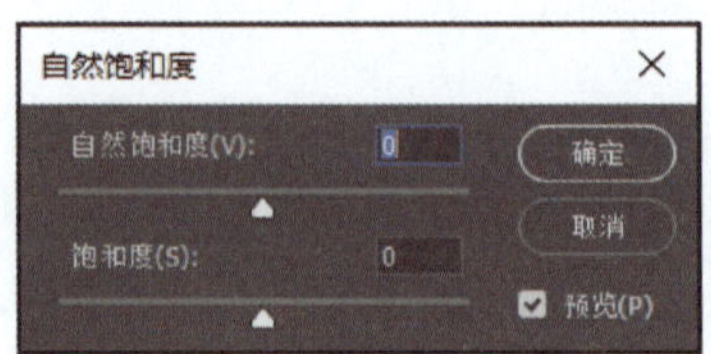

图 4-2-3 “自然饱和度”对话框

4. 锐化滤镜

锐化滤镜通过增加相邻像素的对比度来聚焦模糊的图像。利用锐化工具可以增强图像的细节。

以 USM 锐化为例，执行“滤镜＞锐化＞USM 锐化”命令，打开如图 4-2-4 所示的对话框。

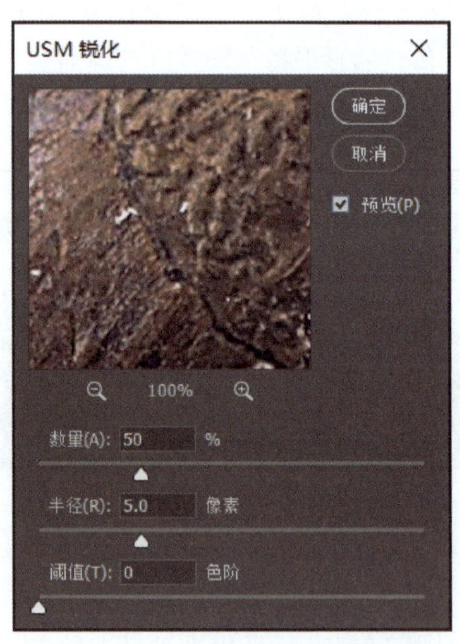

图 4-2-4 “USM 锐化”对话框

主要参数的含义如下：

- 数量：用于调节锐化的程度，该值越大，锐化效果越明显。
- 半径：用于设置图像轮廓周围被锐化的范围，该值越大，锐化效果越明显。
- 阈值：用于设置锐化相邻像素必须达到的最低差值。只有对比度差值高于此值的像素才会得到锐化处理。

参数的数值根据实际情况调整。如果想要突出锐化细节，就设置“小半径 + 大数量”，适当增加阈值，如果想要突出锐化体面，就设置“大半径 + 小数量”。

二、增强调色制作

本例将运用增强调色的方式对栗子商品图片进行明暗度、偏色校正、增强对比度/饱和度等处理，以及运用滤镜进一步强化商品的细节，尽量完美地展示商品。具体操作如下：

1. 导入“项目四任务 2 素材”素材图片，运用项目二中所学，对图片中的瑕疵（见图 4-2-5）进行修复，效果如图 4-2-6 所示。

图 4-2-5　图片中的瑕疵

图 4-2-6　修复瑕疵后的效果

2. 单击“图层”面板底部的“创建新的填充或调整图层”按钮，选择曲线命令，创建“曲线 1”调整图层，向上拖动曲线创建点，输入 105，输出 156，如图 4-2-7 所示。

图 4-2-7　曲线调整

3. 创建“色彩平衡 1”调整图层，校正图片的偏色，设置红色 +21，设置蓝色 -39，如图 4-2-8 所示。

图 4-2-8　色彩平衡调整

4. 创建“亮度 / 对比度 1”调整图层，设置对比度为 15，如图 4-2-9 所示。

图 4-2-9　亮度 / 对比度调整

5. 创建“自然饱和度 1”调整图层，设置自然饱和度为 +28，如图 4-2-10 所示。

图 4-2-10　自然饱和度调整

6. 按【Ctrl+Alt+Shift】组合键，单击字母【E】，生成盖印图层，执行“滤镜＞锐化＞USM 锐化”命令，参数设置如图 4-2-11 所示，数量为 100%，半径为 5 像素，阈值为 0 色阶。

图 4-2-11　USM 锐化设置

7. 调整盖印图层的不透明度为 50%，最终效果如图 4-2-12 所示。

图 4-2-12　最终效果

任务实施

1. 各小组梳理完成“增强调色思路”的思维导图。
2. 利用思维导图将本任务所学到的知识点进行小组讨论与总结。
3. 为下图进行增强调色制作。

任务评价

任务完成后，请根据表 4-2-1 对小组任务完成情况进行评价。

表 4-2-1　　　　小组任务完成情况评价表

任务编号		任务名称		
小组名称		小组成员		
评价项目	评价内容	评价分值	得分	备注
信息收集	信息途径及资料收集整理情况	10		
掌握程度	熟练程度、应用条件	10		
计划制订	时间合理，分工明确，指令清晰	20		
执行过程	实施顺利，完成规定动作	25		
成果输出	成果有效，达到目标要求	20		
团队意识	小组合作，服从安排	5		
时间管理	遵守计划安排，规定时间完成	5		
学习态度	积极、主动、探究	5		

思考拓展

1. 色彩平衡与色相 / 饱和度在颜色调整上的区别是什么？
2. 自然饱和度与饱和度在使用效果上有什么不同？

任务 3　时尚调色

学习目标

1. 熟悉并掌握时尚调色的要点。
2. 熟悉并掌握时尚调色的思路。
3. 能够灵活选择工具对图片进行时尚调色。

任务引入

张伟、王平发现有些商品图片的颜色和整体质感不能很好地表现商品的特性，无法展现出商品的高级感或时尚感，两人需要对图片进行一定的提升，在不过分渲染商品的前提下，增加商品图片的时尚感。

任务分析

商品图片的时尚感往往与光影、颜色、细节、质感、氛围等相关。采用 Photoshop 调整命令组中的相关命令，可以实现整体阴影与高光的调整，整体明暗度的优化，画面中某个具体颜色的大众化偏好优化，整体氛围冷暖的处理等，以此营造商品图片的时尚感。

相关知识

一、基础知识

1. 可选颜色

可选颜色命令的原理是在图片的每个加色和减色的原色图素中增加和减少印刷色的量。可选颜色命令使用 CMYK 颜色校正图像，也可用于校正 RGB 图像以及将要打印的图像。在校正图像时应确保选择了复合通道。

执行“图像＞调整＞可选颜色”命令，打开“可选颜色”对话框，如图 4-3-1 所示，在“颜色”设置区选择需要调整的颜色，然后拖动相应滑块设置不同数值，即可调整图片的色彩。

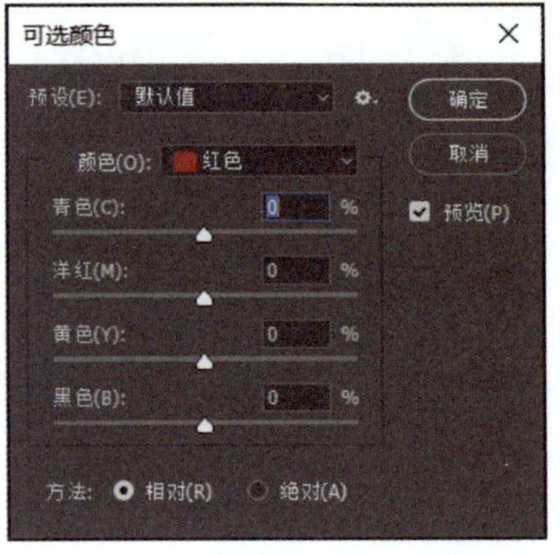

图 4-3-1 “可选颜色”对话框

主要参数的含义如下：

- 颜色：在“颜色”下拉列表中选择要调整的颜色。
- 方法：在此选择调整颜色的方法，如相对或绝对。
- 相对：按照总量的百分比更改现有的青色、洋红、黄色或黑色的量。
- 绝对：按绝对值调整颜色。

2. 照片滤镜

使用照片滤镜命令可以模拟在相机镜头前面加彩色滤镜的效果，以便调整通过镜头传输的光的色彩平衡和色温，使胶片曝光。

执行“图像＞调整＞照片滤镜”命令，打开“照片滤镜”对话框，如图 4-3-2 所示，选择“滤镜”或“颜色”，设定好“浓度”，即可调整图片的色彩。

其中几个参数的含义如下：

- 使用：在该栏中可以选择滤镜颜色（包括自定义滤镜或预设值）。
- 浓度：拖动“浓度”滑块或在“浓度”文本框中输入一个百分比。浓度越高，颜色调整幅度越大。
- 保留明度：选中该选项可以在添加颜色滤镜时不使图像变暗。

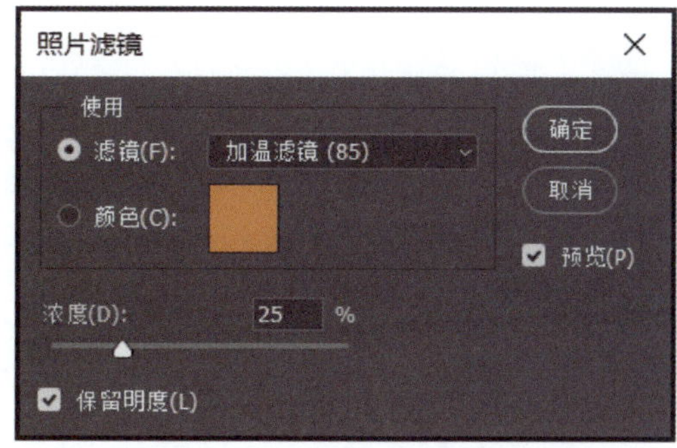

图 4-3-2 “照片滤镜”对话框

3. 阴影 / 高光

阴影 / 高光命令可以很好地调整图像中的暗部和亮部。执行“图像>调整>阴影 / 高光”命令，打开对话框，如图 4-3-3 所示。

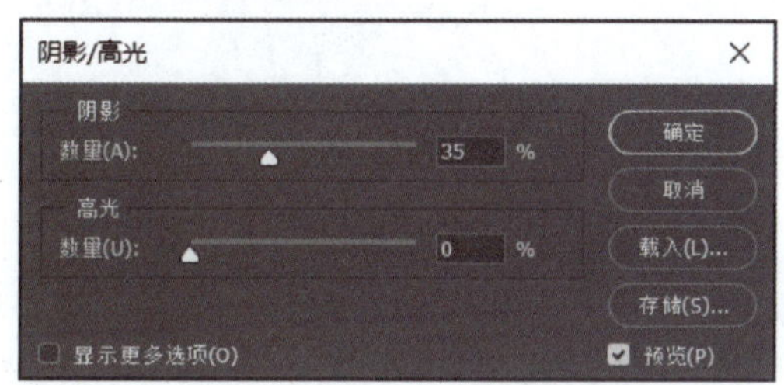

图 4-3-3 “阴影 / 高光”对话框

“阴影”滑块调整图像中的暗部，数值越大，阴影越亮；“高光”滑块调整图像中的亮部，数值越大，高光越暗。如果勾选“显示更多选项”，可以打开详细参数对话框，在该对话框中，可以调整阴影、高光和中间调的参数，如图 4-3-4 所示。

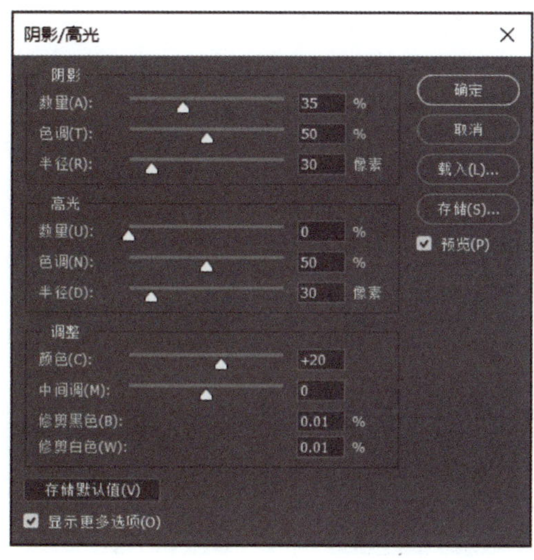

图 4-3-4 “阴影 / 高光”详细参数对话框

二、时尚调色制作

本例将对一款中国传统甜食——蜜三刀进行时尚调色制作，通过明暗对比、颜色调整、整体色温调整等方式，提升商品图片的质感和时尚感，以营造一个高级的氛围。具体操作如下：

1. 导入“项目四任务 3 素材”素材图片，选中“背景”图层，按【Ctrl+J】组合键复制当前图层，形成“图层 1”，如图 4-3-5 所示，为下一步做好准备。

图 4-3-5　复制图层

2. 执行“图像>调整>阴影 / 高光”命令（见图 4-3-6），打开对话框，设置阴影数量为 35%，高光数量为 5%，如图 4-3-7 所示。

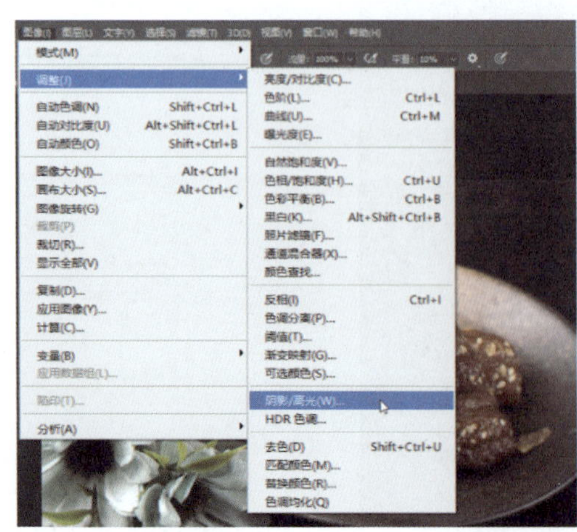

图 4-3-6　菜单命令

图 4-3-7　“阴影 / 高光”对话框设置

3. 创建“亮度 / 对比度 1”调整图层，设置对比度为 16，如图 4-3-8 所示。

图 4-3-8　亮度 / 对比度调整

4. 创建“曲线 1”调整图层，创建曲线上的调整点，第一个点输入 80、输出 90，第二个点输入 160、输出 188，具体如图 4-3-9 所示。

图 4-3-9　曲线调整

5. 创建“可选颜色 1”调整图层，颜色选择“红色”，洋红 +20%，黄色 +32%，选择“相对”，如图 4-3-10 所示。

图 4-3-10 可选颜色调整

6. 创建“照片滤镜 1”调整图层，选择“加温滤镜（85）”，浓度为 30%，勾选“保留明度”，如图 4-3-11 所示，修改图层不透明度为 60%，如图 4-3-11 所示。

图 4-3-11 照片滤镜调整

7. 按【Ctrl+Alt+Shift+E】组合键，盖印图像，生成“图层 2”，在图片中按【Ctrl+Alt+2】组合键将图片中的高光载入选区，按【Ctrl+Shift+I】组合键反选选区，按【Ctrl+J】组合键生成“图层 3”，图层混合模式选择“滤色”，不透明度为 40%，如图 4-3-12 所示，实现保留细节的亮度提升。

图 4-3-12 保留细节的亮度提升

8. 再次按【Ctrl+Alt+Shift+E】组合键，盖印图像，生成“图层 4”，执行“滤镜＞锐化＞USM 锐化”命令，数量为 120%，半径为 5 像素，阈值为 0 色阶，如图 4-3-13 所示。

图 4-3-13 USM 锐化

9. 修改“图层 4”的不透明为 50%，完成制作，最终效果如图 4-3-14 所示。

图 4-3-14　最终效果

任务实施

1. 各小组梳理完成“时尚调色思路”的思维导图。
2. 利用思维导图将本任务所学到的知识点进行小组讨论与总结。
3. 为下图进行时尚调色制作。

任务评价

任务完成后，请根据表 4-3-1 对小组任务完成情况进行评价。

表 4-3-1　　小组任务完成情况评价表

任务编号		任务名称		
小组名称		小组成员		
评价项目	评价内容	评价分值	得分	备注
信息收集	信息途径及资料收集整理情况	10		
掌握程度	熟练程度、应用条件	10		
计划制订	时间合理，分工明确，指令清晰	20		
执行过程	实施顺利，完成规定动作	25		
成果输出	成果有效，达到目标要求	20		
团队意识	小组合作，服从安排	5		
时间管理	遵守计划安排，规定时间完成	5		
学习态度	积极、主动、探究	5		

思考拓展

1. 曲线和色阶的区别有哪些？
2. 提升图片亮度的方式有哪些？有什么区别？
3. 如何用照片滤镜进行图片的冷调处理？

项目五　网店首页视觉设计

项目引入

店铺的运营不仅需要专业的运营策略，而且需要好看的门面装修。网店实际上就是一家网上的店铺，与实体店铺一样也需要有店面、柜台和展窗。对于实体店面而言，一个主题清晰、冲击力强的店招或一个条目清晰的价目表能够给顾客带来良好的感官刺激，那么网店也一样需要这样一个“入口”，这就是网店首页，其包含“招牌”——店招、“展窗”——广告图、“导引”——导航栏、“橱窗”——商品分类、“售后声明”——页尾区等。在设计网店首页时为了能够更好地吸引用户，必须掌握一些设计原则及方法。

项目背景

某电商公司为助力乡村振兴，帮助村民们解决销路问题，成立了一家名为“南山大集”的网店。公司把制作网店首页的任务交给了张伟、王平两位同学。

任务1　店招设计

学习目标

1. 熟悉并掌握店招的设计要点。
2. 熟悉并掌握店招的设计思路。
3. 能够制作店招。

任务引入

张伟、王平接到制作“南山大集”店招的任务后，为了更好地完成设计任务，他们从网上收集资料，并找专业老师指导制作店招图的要求和方法。

任务分析

店招是店铺置顶的招牌，好的店招能够吸引用户的注意，使其能够深刻地记住店铺，这也是店招设计的核心功能。在制作店招图之前，需要熟悉店招图的设计要点和设计步骤。

相关知识

一、基础知识

1. 店招概述

店招就是店铺的招牌，用来展示店铺的名称和形象，不管用户进入网店的哪个页面，都能看到店招。店招始终展示在网店所有页面的顶部，是网店形象和风格的代表，其美观度直接影响用户对网店的印象。店招一般由店标（logo）、店铺口号、店内搜索框、收藏店铺、关注店铺、店内导航及热销商品推荐或者店铺优惠券等组成，如图 5-1-1 所示。

图 5-1-1　店招

网店的店招设计根据需求不同，大致可以分为 3 种形式。

（1）以品牌宣传为主的类型

以品牌宣传为主类型的店招一般适用于实力雄厚、商品给力，或者想打造品牌的店铺。这种类型的店招在做设计的时候主要突出的是商品的品牌形象，要想好一个店铺名称，设计一个符合品牌形象的 logo，选择适合品牌定位的色调及具有代表性的商品等，如图 5-1-2 所示。

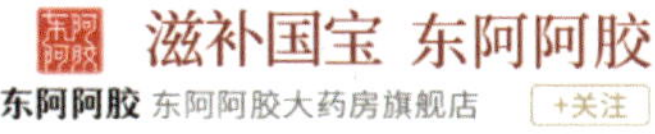

图 5-1-2　品牌宣传类型店招

（2）以商品推广为主的类型

以商品推广为主类型的店招主要用于增加店铺主推商品的销量。这种类型的店招上通常会放上两三款商品，在旁边标注价格，用户进入店铺的第一眼会看到店招上的商品，从而起到一个推广的效果，如图 5-1-3 所示。

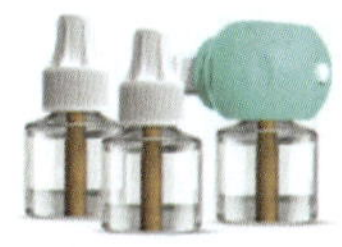

图 5-1-3　商品推广类型店招

（3）以活动促销为主的类型

以活动促销为主类型的店招主要用于增加店铺销量，因此在店招设计上要展现出更多的活动内容并放上重点的促销信息；店招的风格要根据活动的主题来设定，营造出一个活动氛围；也可以在店招上适当地加入一些优惠券领取的按钮，如图 5-1-4 所示。

图 5-1-4　活动促销类型店招

2. 店招设计原则

店招设计一般要遵循以下基本原则：

- 店铺易于识别：要明确、直观地告诉用户店铺的经营商品，表现形式最好是实物图片。
- 店铺的优势：要明确、直观地告诉用户店铺的特点、优势以及与同类店铺的差别。

3. 店招设计的要点

店招设计必须体现以下几个要点：

- 店招风格：店招风格要和店铺整体统一，同时也要和所售商品的特性有一定的关联性。
- 店铺名称：店铺名称要好记、易于识别，能直接告诉用户店铺是卖什么的，品牌店铺还可以宣传自己的品牌。
- 店标（logo）：店标是店铺区别于其他店铺的核心元素，有很高的识别度，能直观、形象地体现店铺的品牌和形象。
- 店铺（商品）优势和差异化：展示店铺（商品）的优势以及和其他店铺的不同，形成差异化竞争。

4. 店招设计的行业规范

以淘宝网为例，淘宝店铺的店招宽度为 950 像素（天猫的店招宽度为 990 像素），高度不超过 150 像素，如果超出将会被直接截断屏蔽，发布后将不在页面上展现出来。若要使用官方默认的导航栏，店招的高度不得超过 120 像素，如果超过将会被直接截断屏蔽，发布后将不在页面上展现出来，且仅支持 JPEG、GIF、PNG 格式。

通栏店招包括页头背景、常规店招和导航栏，尺寸多为 1 920 像素 ×150 像素。需注意的是，为了便于店招上传，页头背景的图片大小建议小于 200 KB，店招大小建议小于 80 KB，店招的格式应设置成 JPEG、GIF、PNG 或 SWF 等格式。

二、店招制作

本例制作“南山大集”店招，其具体操作如下：

1. 执行菜单栏中的“文件＞新建”命令，在弹出的对话框中设置宽度为 1 920 像素，高度为 120 像素，分辨率为 72 像素 / 英寸，新建一个空白画布。建立垂直参考线，位置为 485 像素和 1 435 像素，效果如图 5-1-5 所示。

图 5-1-5　新建空白画布

2. 导入“项目五任务 1 背景”素材图片，居中对齐，效果如图 5-1-6 所示。

图 5-1-6　导入“项目五任务 1 背景”素材图片

3. 导入“项目五任务 1 logo”素材图片，并与左侧辅助线对齐，效果如图 5-1-7 所示。

图 5-1-7　导入“项目五任务 1 logo”素材图片

4. 执行“图层样式＞颜色叠加”命令，将 logo 改为 #73b685，效果如图 5-1-8 所示。

图 5-1-8　颜色叠加

5. 选择横排文字工具，输入文字“南山大集官方旗舰店”，在工具属性栏中设置字体、字体大小、文本颜色分别为思源黑体、36 点、#73b685，效果如图 5-1-9 所示。

图 5-1-9　文字输入 1

6. 选择矩形工具，在工具属性栏中设置填充为 #73b685，在图片的上方绘制 215 像素 ×70 像素的矩形，移动到页面中间偏右位置，效果如图 5-1-10 所示。

图 5-1-10　绘制矩形 1

7. 执行“图层样式>描边”命令，设置大小为 2 像素，为“矩形 1”添加描边，效果如图 5-1-11 所示。

图 5-1-11　描边

8. 选择矩形工具，在工具属性栏中设置填充为 #ffffff，在图片的上方绘制 35 像素 ×35 像素的矩形，移动到矩形右侧，效果如图 5-1-12 所示。

图 5-1-12　绘制矩形 2

9. 选择横排文字工具，输入文字“¥”，在工具属性栏中设置字体、字体大小、文本颜色分别为思源黑体、8 点、#ffffff。

10. 选择横排文字工具，输入文字“满 399 使用”，在工具属性栏中设置字体、字体大小、文本颜色分别为思源黑体、15 点、#ffffff。

11. 选择横排文字工具，输入文字“20”，在工具属性栏中设置字体、字体大小、文本颜色分别为思源黑体、35 点、#ffffff。

12. 选择横排文字工具，输入文字“优惠券”，在工具属性栏中设置字体、字体大小、文本颜色分别为思源黑体、22 点、#ffffff。

13. 选择横排文字工具，输入文字“领”，在工具属性栏中设置字体、字体大小、文本颜色分别为思源黑体、24 点、#73b685，效果如图 5-1-13 所示。

图 5-1-13　文字输入 2

14. 按【Ctrl+J】组合键复制一个订单满 699 元使用的 50 元优惠券，最终效果如图 5-1-14 所示。

图 5-1-14 最终效果

任务实施

1. 各小组梳理完成“店招设计思路”和“店招设计要点”的思维导图。
2. 利用思维导图将本任务所学到的知识点进行小组讨论与总结。
3. 以下图为样本制作店招。

任务评价

任务完成后，请根据表 5-1-1 对小组任务完成情况进行评价。

表 5-1-1 小组任务完成情况评价表

任务编号		任务名称		
小组名称		小组成员		
评价项目	评价内容	评价分值	得分	备注
信息收集	信息途径及资料收集整理情况	10		
掌握程度	熟练程度、应用条件	10		
计划制订	时间合理，分工明确，指令清晰	20		
执行过程	实施顺利，完成规定动作	25		
成果输出	成果有效，达到目标要求	20		
团队意识	小组合作，服从安排	5		
时间管理	遵守计划安排，规定时间完成	5		
学习态度	积极、主动、探究	5		

思考拓展

1. 店招中使用不同的色系对于加深记忆有哪些不同？
2. 为了提高店招的使用效果，你还有哪些想法？
3. 以“家乡特产店”为主题制作店招。

任务 2 导航栏设计

学习目标

1. 熟悉并掌握导航栏的设计要点。
2. 熟悉并掌握导航栏的设计思路。
3. 能够制作导航栏。

任务引入

张伟、王平接到制作导航栏的任务后，为了更好地完成设计任务，他们从网上收集资料，并找专业老师指导制作导航栏的要求和方法。

任务分析

导航栏在网店设计中往往是容易被遗忘的部分，它附属在店招的下方，帮助用户在最短的时间内找到想要的商品，使用频率较高。在制作导航栏之前，需要熟悉导航栏的设计要点和设计步骤。

相关知识

一、基础知识

1. 导航栏概述

导航栏是店招下方的区域，是用户浏览店铺的重要通道（见图 5-2-1）。导航栏一般包含首页和其他分类栏目的导入链接，反映了网店的核心经营内容，可以引导用户对店铺进行深度查看。清晰明了且富有个性的导航栏，对提高店铺的销售转化率十分重要。

图 5-2-1 导航栏

2. 导航栏设计要点

在设计导航栏时，需要注意以下几个方面：

- 导航栏的类别要明确，使用户一目了然。
- 导航栏的文字与背景颜色要区分开。
- 导航栏和店招在色彩搭配上要统一，不能过于花哨。

3. 导航栏常规分类

一级分类：链接至店铺商品分类页（一般热销类靠前），方便用户快速找到自己想要的商品，如图 5-2-2 所示。

图 5-2-2　一级分类

多级分类：链接至二级页面，包括商品活动页、大促专题页、品牌故事页、会员中心页、常见问答页等，如图 5-2-3 所示。

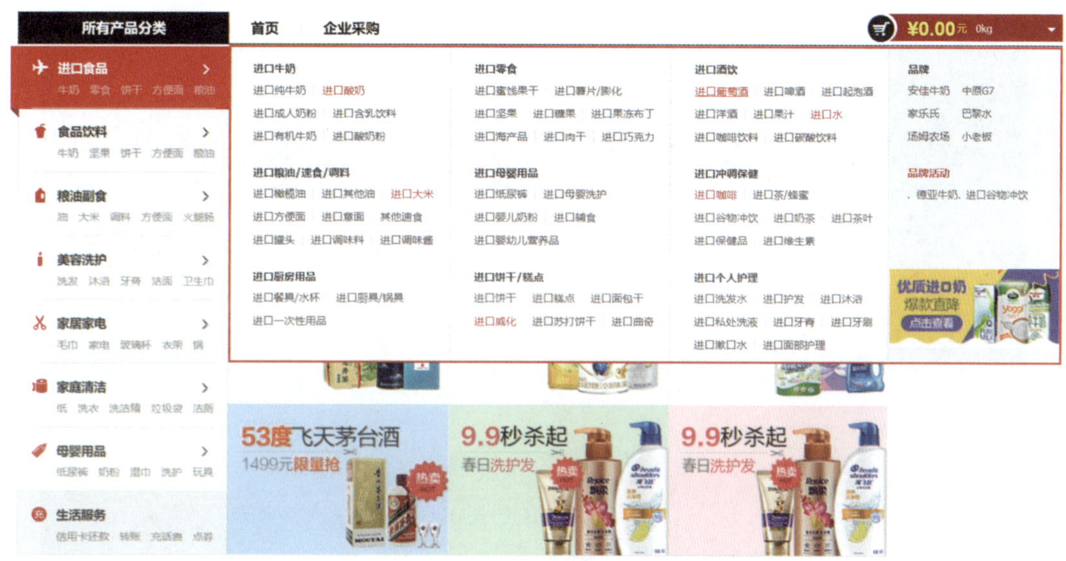

图 5-2-3　多级分类

4. 导航栏常用尺寸

导航栏的宽度与店招相同，高度为 30 像素，淘宝店铺导航栏的文字信息部分建议设置在 950 像素以内；活动导航栏的尺寸建议宽度小于 200 像素、高度小于 600 像素，图片格式为 JPEG、PNG、GIF。

二、导航栏制作

本例制作“南山大集”导航栏，其具体操作如下：

1. 执行菜单栏中的“文件>新建”命令，在弹出的对话框中设置宽度为 1 920 像素，高度为 30 像素，分辨率为 72 像素 / 英寸，新建一个空白画布。建立垂直参考线，位置为 485 像素和 1 435 像素，效果如图 5-2-4 所示。

图 5-2-4　新建空白画布

2. 选择矩形工具，在工具属性栏中设置填充为 #73b685，在图片的上方绘制 1 920 像素 ×30 像素的矩形，并居中对齐，如图 5-2-5 所示。

图 5-2-5　绘制矩形 1

3. 执行“图层样式>内阴影”命令，为“矩形 1”添加内阴影，设置图层混合模式为正片叠底，不透明度、角度、距离、阻塞、大小分别为 14%、0、3、0、5，效果如图 5-2-6 所示。

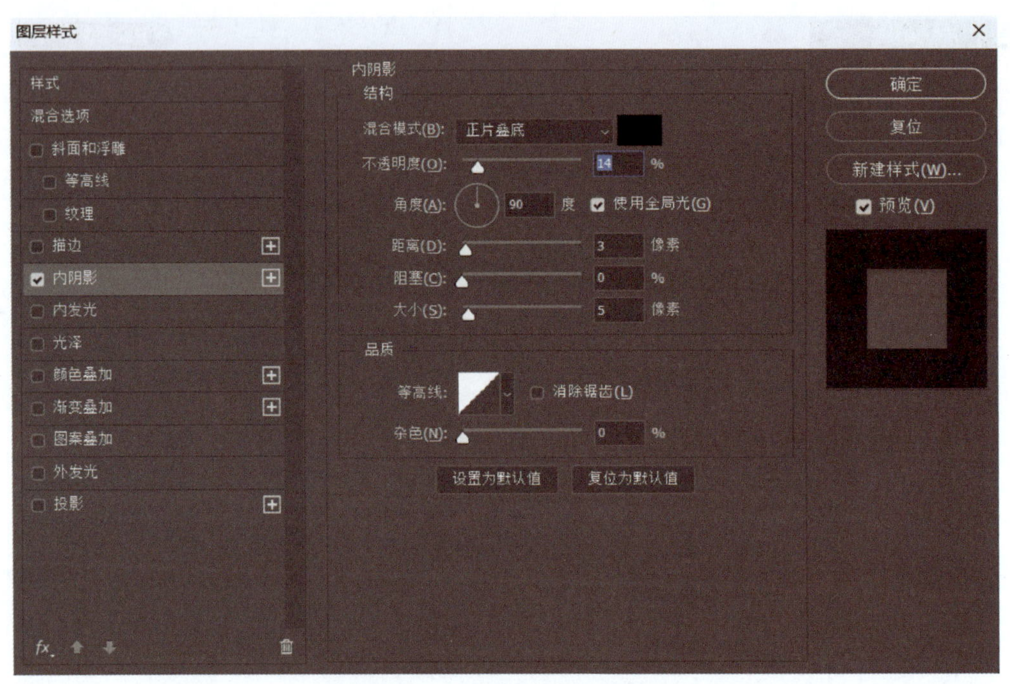

图 5-2-6　“矩形 1”内阴影设置

4. 选择横排文字工具，输入文字“首页有惊喜”，在工具属性栏中设置字体、字体大小、文本颜色分别为思源黑体、18 点、#f0ff04。

5. 选择横排文字工具，输入文字“产品分类”“NEW/HOT”“新鲜蔬果”“农产品”“客服中心”“往期推荐”“会员中心”“收藏”，在工具属性栏中设置字体、字体大小、文本颜色分别为思源黑体、16 点、#ffffff，所有文字按图摆放，效果如图 5-2-7 所示。

首页有惊喜　产品分类　NEW/HOT　新鲜蔬果　农产品　客服中心　往期推荐　会员中心　收藏

图 5-2-7　输入文字

6. 执行“图层样式>投影”命令，为“首页有惊喜”文字添加默认投影，效果如图 5-2-8 所示。

图 5-2-8 设置投影

7. 选择矩形工具，在工具属性栏中设置填充为 #ffffff，在图片的上方绘制 2 像素 × 15 像素的矩形，按【Ctrl+J】组合键复制 7 次并按图摆放，效果如图 5-2-9 所示。

图 5-2-9 绘制矩形 2

8. 选择矩形工具，在工具属性栏中设置填充为 #523000，在图片的上方绘制 124 像素 ×30 像素的矩形，移动到“首页有惊喜”文字底下，效果如图 5-2-10 所示。

图 5-2-10 绘制矩形 3

9. 执行“图层样式>内阴影”命令，为“矩形 2”添加内阴影，设置图层混合模式为正片叠底，不透明度、角度、距离、阻塞、大小分别为 14%、0、3、0、5，效果如图 5-2-11 所示。

图 5-2-11 “矩形 2”内阴影设置

10. 适当调整所有元素的位置，最终效果如图 5-2-12 所示。

图 5-2-12 最终效果

任务实施

1. 各小组梳理完成“导航栏设计思路”和“导航栏设计要点”的思维导图。
2. 利用思维导图将本任务所学到的知识点进行小组讨论与总结。
3. 以下图为样本制作导航栏。

任务评价

任务完成后，请根据表 5-2-1 对小组任务完成情况进行评价。

表 5-2-1　　小组任务完成情况评价表

任务编号		任务名称		
小组名称		小组成员		
评价项目	评价内容	评价分值	得分	备注
信息收集	信息途径及资料收集整理情况	10		
掌握程度	熟练程度、应用条件	10		
计划制订	时间合理，分工明确，指令清晰	20		
执行过程	实施顺利，完成规定动作	25		
成果输出	成果有效，达到目标要求	20		
团队意识	小组合作，服从安排	5		
时间管理	遵守计划安排，规定时间完成	5		
学习态度	积极、主动、探究	5		

思考拓展

1. 导航栏有几种排列方式？各有什么优缺点？
2. 为了提升导航栏的辨识度，你还有哪些想法？
3. 以“家乡特产店”为主题制作导航栏。

任务 3　首页广告图设计

学习目标

1. 熟悉并掌握首页广告图的设计要点。
2. 熟悉并掌握首页广告图的设计思路。
3. 能够制作首页广告图。

任务引入

张伟、王平接到制作“南山大集”首页广告图的任务后，为了更好地完成设计任务，他们从网上收集资料，并找专业老师指导制作首页广告图的要求和方法。

任务分析

首页广告图在网店设计中至关重要，是用户进店首先关注到的部分，是建立用户对店铺第一印象非常重要的组成部分。因此，在制作首页广告图之前，需要熟悉网店首页广告图的设计要点和设计步骤。

一、基础知识

1. 首页广告图概述

首页广告图一般位于店铺导航栏的下方，是用户进入店铺时在首页中看到的最醒目的部分，如图 5-3-1 所示。

图 5-3-1　首页广告图

首页广告图的设计会根据店铺当时的活动来决定图片风格，可以是季节性的海报 / 轮播图，也可以是促销信息的海报 / 轮播图。

要想让首页广告图美观并吸引用户的注意力，就要对其主题、构图和配色等进行综合考虑。

- 主题：无论是新品上市还是活动促销，都需要确定一个首页广告图主题。一般情况下，首页广告图主题主要通过商品图片和文字描述来体现。
- 构图：构图的好坏直接影响首页广告图的表现效果，构图主要分为左右构图（见图 5-3-2）、左中右三分式构图、上下构图、底面构图和斜切构图等。

图 5-3-2　左右构图

● 配色：首页广告图不但需要确定主题和进行构图，还需要统一色调。在配色时，对重要的文字信息用突出、醒目的颜色加以强调，通过明暗对比以及不同颜色的搭配来确定对应的风格，如图 5-3-3 所示。

图 5-3-3　复古配色

● 背景：首页广告图设计中的背景主要用于衬托主体事物，如商品、文案、促销信息等，大致可分为纯色背景、渐变背景、风景背景、材质纹理背景和图形组合背景等，如图 5-3-4 所示。

图 5-3-4　风景背景

● 文案：文案是指首页广告图中出现的文本内容，目的是向用户传递商品或促销引导信息，如图 5-3-5 所示。

图 5-3-5　促销文案

2. 首页广告图常规尺寸

首页广告图的尺寸与店铺的布局紧密相关，与店招一样，商家可以根据需要设置全屏首页广告图和常规首页广告图两种样式。

- 全屏首页广告图尺寸：宽度为 1 920 像素，高度一般以 400～800 像素为最佳。
- 常规首页广告图尺寸：高度要求在 100～600 像素，小于 300 KB。

二、首页广告图制作

本例制作“南山大集”首页广告图，其具体操作如下：

1. 执行菜单栏中的“文件>新建”命令，在弹出的对话框中设置宽度为 1 920 像素，高度为 800 像素，分辨率为 72 像素 / 英寸，新建一个空白画布。建立垂直参考线，位置为 485 像素和 1 435 像素，效果如图 5-3-6 所示。

图 5-3-6 新建空白画布

2. 导入“项目五任务 3 背景”素材图片，居中对齐，效果如图 5-3-7 所示。

图 5-3-7 导入“项目五任务 3 背景”素材图片

3. 选择横排文字工具，输入文字“南山大集瓜果节”，在工具属性栏中设置字体、字体大小、文本颜色分别为思源黑体、46 点、#4d8f02，效果如图 5-3-8 所示。

图 5-3-8　文字输入 1

4. 选择横排文字工具，输入文字“核桃，我只选择最饱满的！”，在工具属性栏中设置字体、字体大小、文本颜色分别为苹方、27 点、#4d8f02，效果如图 5-3-9 所示。

图 5-3-9　文字输入 2

5. 选择矩形工具，在工具属性栏中设置填充、描边、粗细分别为 #4d8f02、虚线、2 像素，在文字的下方绘制 460 像素 ×1 像素的矩形，效果如图 5-3-10 所示。

图 5-3-10　绘制矩形 1

6. 选择横排文字工具，输入文字“Choose the best for you”，在工具属性栏中设置字体、字体大小、文本颜色分别为苹方、15 点、#4d8f02，效果如图 5-3-11 所示。

图 5-3-11 文字输入 3

7. 选择矩形工具，在工具属性栏中设置填充为 #feac00，在文字的下方绘制 150 像素 ×30 像素的矩形，效果如图 5-3-12 所示。

图 5-3-12 绘制矩形 2

8. 选择横排文字工具，输入文字“全场 5 折起”，在工具属性栏中设置字体、字体大小、文本颜色分别为苹方、23 点、#ffffff，最终效果如图 5-3-13 所示。

图 5-3-13 最终效果

任务实施

1. 各小组梳理完成“首页广告图设计思路”和“首页广告图设计要点”的思维导图。

2. 利用思维导图将本任务所学到的知识点进行小组讨论与总结。

3. 以下图为样本制作一张首页广告图。

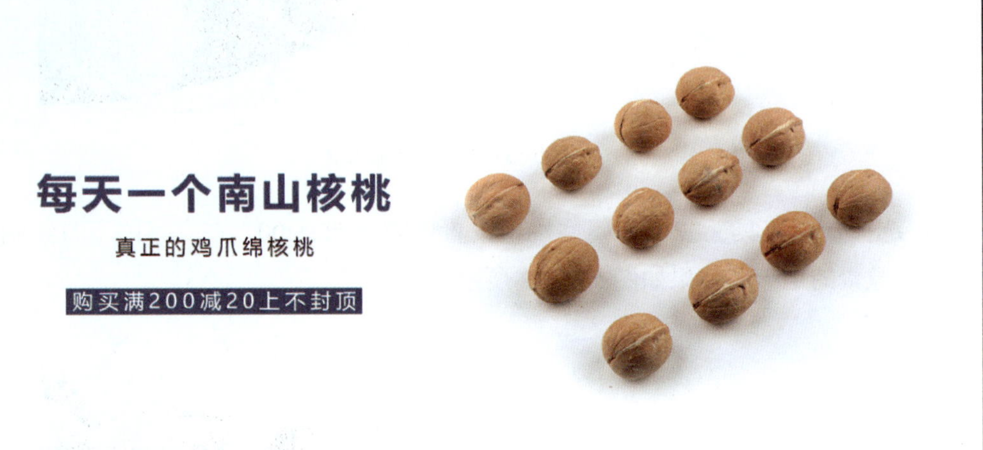

任务评价

任务完成后，请根据表 5-3-1 对小组任务完成情况进行评价。

表 5-3-1　小组任务完成情况评价表

任务编号		任务名称		
小组名称		小组成员		
评价项目	评价内容	评价分值	得分	备注
信息收集	信息途径及资料收集整理情况	10		
掌握程度	熟练程度、应用条件	10		
计划制订	时间合理，分工明确，指令清晰	20		
执行过程	实施顺利，完成规定动作	25		
成果输出	成果有效，达到目标要求	20		
团队意识	小组合作，服从安排	5		
时间管理	遵守计划安排，规定时间完成	5		
学习态度	积极、主动、探究	5		

思考拓展

1. 首页广告图中文字和图案的组合方式都有哪些?
2. 为了提高首页广告图的使用效果，你还有哪些想法?
3. 以“家乡特产”为主题制作一张首页广告图。

任务 4 网店商品分类图设计

学习目标

1. 熟悉并掌握网店商品分类图的设计要点。
2. 熟悉并掌握网店商品分类图的设计思路。
3. 能够制作网店商品分类图。

任务引入

张伟、王平接到制作“南山大集”网店商品分类图的任务后，为了更好地完成设计任务，他们从网上收集资料，并找专业老师指导制作网店商品分类图的要求和方法。

任务分析

由于网店商品数量众多，首页广告图无法一次性展示全部商品，所以产生了商品分类区域，这个区域往往展示当前主推商品或者介绍店铺内商品的种类、优惠等。用户通过这个区域内图片的链接可以直达商品链接，快速达成交易。网店的商品分类区域并不只是简单的图文堆叠，往往需要一番精心的准备。因此，在制作网店商品分类图之前，需要熟悉店网店商品分类图的设计要点和设计步骤。

相关知识

一、基础知识

1. 网店商品分类图概述

在网店中，如果上传的商品过多，查看起来就会非常麻烦，此时如果将相同类型的商品进行归类，将商品放置到与之对应的分类中，查找起来会变得十分轻松。网店中的商品分类就是为了让用户以最便捷的方式找到想买的商品。可以按照网店的整体色调对商品分类图进行设计，好的网店商品分类图具有展示商品、刺激销售、方便选购、美化购物环境、节约空间等作用，可以让用户一目了然，激发用户的购买欲望，如

图 5-4-1 所示。

图 5-4-1　商品分类图

2. 网店商品分类图设计原则

（1）重点突出

为了迅速引起用户的注意，让其能够快速看清商品、了解商品，商品分类图应该做到醒目突出，同时还需要突出商品的卖点、与其他商品的差异化优势等。

（2）样式统一

商品分类图中，商品的陈列形式需要整齐统一，以便使商品显得丰富、有序、美观，使整个区域的视觉冲击力更强，可以方便用户进行比较性选购。

（3）主次分明

优秀的商品分类图能为用户的浏览、选购提供引导和便利。如果在商品分类图设计中一味地采取相同的商品陈列模式，在商品数量较多的情况下，冗长的页面难免会让用户在浏览中感到乏味而逐渐失去兴趣，因此商品陈列不能在排列上千篇一律、一成不变，而应该适当突出重点以引导消费。

（4）关联相关商品

为了激发用户的潜在购买力，促进其购买相关商品，可以使用关联陈列方式，将具有关联的商品相邻摆放，以最终实现促进消费、提高客单价的目的。

二、网店商品分类图制作

本例制作“南山大集”首页商品分类图，其具体操作如下：

1. 执行菜单栏中的“文件>新建”命令，在弹出的对话框中设置宽度为 1 920 像素，高度为 2 900 像素，分辨率为 72 像素 / 英寸，新建一个空白画布。建立垂直参考线，位置为 485 像素和 1 435 像素，效果如图 5-4-2 所示。

2. 导入“项目五任务 4 背景”素材图片，并居中对齐，效果如图 5-4-3 所示。

图 5-4-2　新建空白画布

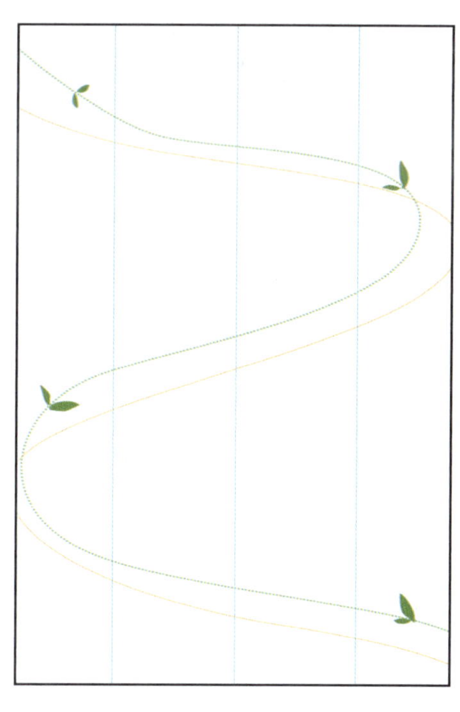

图 5-4-3　导入“项目五任务 4 背景”素材图片

3. 选择矩形工具，在工具属性栏中设置填充为 #ffbf3f，绘制 530 像素 ×283 像素的矩形，效果如图 5-4-4 所示。

4. 选择矩形工具，在工具属性栏中设置填充为 #8cd052，绘制 530 像素 ×283 像素的矩形，效果如图 5-4-5 所示。

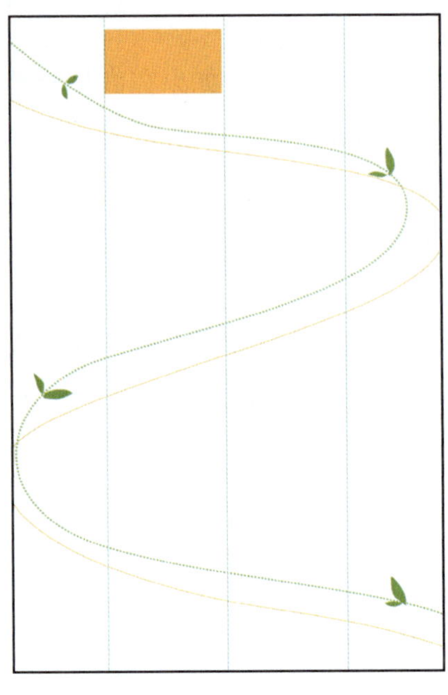

图 5-4-4 绘制矩形 1

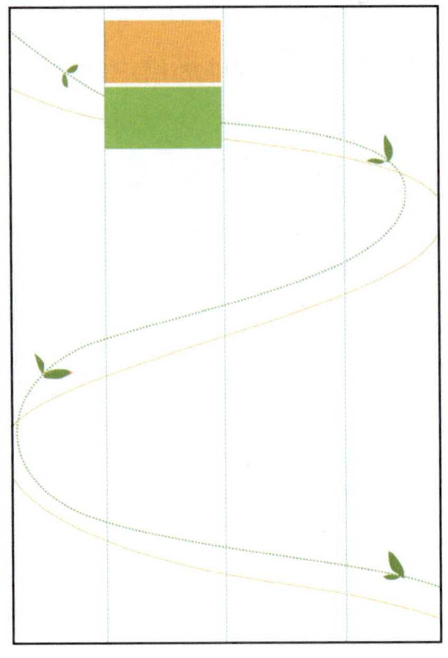

图 5-4-5 绘制矩形 2

5. 选择矩形工具，在工具属性栏中设置填充为 #da6344，绘制 530 像素 ×584 像素的矩形，效果如图 5-4-6 所示。

6. 导入“项目五任务 4 草莓 1”素材图片，按【Alt】键与“矩形 1”建立剪切蒙版，效果如图 5-4-7 所示。

图 5-4-6 绘制矩形 3

图 5-4-7 导入“项目五任务 4 草莓 1”素材图片

7. 导入“项目五任务 4 瓜子”素材图片，按【Alt】键与“矩形 2”建立剪切蒙版，效果如图 5-4-8 所示。

8. 导入“项目五任务 4 核桃”素材图片，按【Alt】键与“矩形 3”建立剪切蒙版，效果如图 5-4-9 所示。

图 5-4-8 导入“项目五任务 4 瓜子”素材图片

图 5-4-9 导入“项目五任务 4 核桃”素材图片

9. 选择矩形工具，在工具属性栏中设置填充为 #ffbf3f，绘制 77 像素 ×15 像素的矩形，效果如图 5-4-10 所示。

10. 选择矩形工具，在工具属性栏中设置填充为 #8cd052，绘制 77 像素 ×15 像素的矩形，效果如图 5-4-11 所示。

图 5-4-10 绘制矩形 4

图 5-4-11 绘制矩形 5

11. 选择矩形工具，在工具属性栏中设置填充为 #da6344，绘制 77 像素 ×15 像素的矩形，效果如图 5-4-12 所示。

图 5-4-12 绘制矩形 6

12. 选择横排文字工具，输入文字“蔬果专区”，在工具属性栏中设置字体、字体大小、文本颜色分别为思源黑体、42 点、#ffbf3f。

13. 选择横排文字工具，输入文字“农产品专区”，在工具属性栏中设置字体、字体大小、文本颜色分别为思源黑体、42 点、#8cd052。

14. 选择横排文字工具，输入文字“助农专区”，在工具属性栏中设置字体、字体大小、文本颜色分别为思源黑体、42 点、#da6344。

15. 选择横排文字工具，输入文字“农产品限时折扣中”“新鲜蔬果限时折扣中”“助农限时折扣中”，在工具属性栏中设置字体、字体大小、文本颜色分别为苹方、22 点、#939393。

16. 选择横排文字工具，输入文字“店长推荐”，在工具属性栏中设置字体、字体大小、文本颜色分别为思源黑体、75 点、#6bae33，效果如图 5-4-13 所示。

17. 选择矩形工具，在工具属性栏中设置填充，描边为 #ffffff，#62a52a，9 像素，绘制 760 像素 ×390 像素的矩形，效果如图 5-4-14 所示。

18. 导入“项目五任务 4 草莓 2”素材图片，按【Alt】键与“矩形 4”建立剪切蒙版，效果如图 5-4-15 所示。

19. 选择横排文字工具，输入文字“南山草莓”，在工具属性栏中设置字体、字体大小、文本颜色分别为思源黑体、57 点、#29ac6c。

20. 选择横排文字工具，输入文字“¥”，在工具属性栏中设置字体、字体大小、文本颜色分别为苹方、16 点、#29ac6c。

21. 选择横排文字工具，输入文字“优惠价：”，在工具属性栏中设置字体、字体大小、文本颜色分别为苹方、18 点、#29ac6c。

22. 选择横排文字工具，输入文字“9.9”，在工具属性栏中设置字体、字体大小、文本颜色分别为思源黑体、55 点、#29ac6c，效果如图 5-4-16 所示。

图 5-4-13　输入文字 1

图 5-4-14　绘制矩形 7

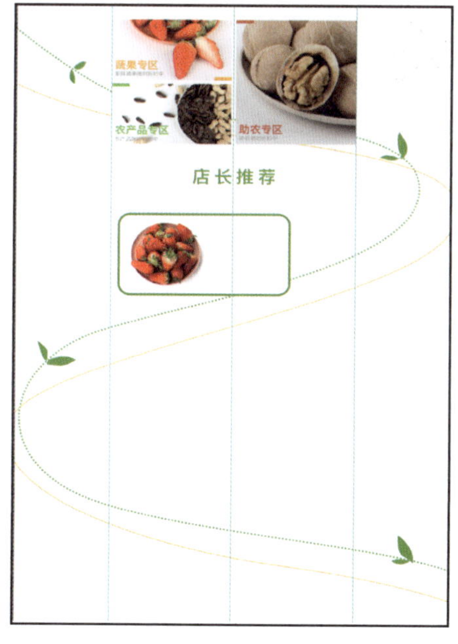

图 5-4-15　导入“项目五任务 4 草莓 2”素材图片

图 5-4-16　输入文字 2

23. 选择矩形工具，在工具属性栏中设置填充为 #29ac6c，绘制 240 像素 ×48 像素的矩形，效果如图 5-4-17 所示。

24. 选择横排文字工具，输入文字“点击抢购”，在工具属性栏中设置字体、字体大小、文本颜色分别为苹方、26 点、#ffffff，效果如图 5-4-18 所示。

图 5-4-17　绘制矩形 8

图 5-4-18　输入文字 3

25. 按【Ctrl+J】组合键复制南山草莓的链接，最终效果如图 5-4-19 所示。

图 5-4-19　最终效果

任务实施

1. 各小组梳理完成“网店商品分类图设计思路”和“网店商品分类图设计要点”的思维导图。

2. 利用思维导图将本任务所学到的知识点进行小组讨论与总结。

3. 以下图为样本制作一张网店商品分类图。

任务评价

任务完成后，请根据表 5-4-1 对小组任务完成情况进行评价。

表 5-4-1　　小组任务完成情况评价表

任务编号		任务名称		
小组名称		小组成员		
评价项目	评价内容	评价分值	得分	备注
信息收集	信息途径及资料收集整理情况	10		
掌握程度	熟练程度、应用条件	10		
计划制订	时间合理，分工明确，指令清晰	20		
执行过程	实施顺利，完成规定动作	25		
成果输出	成果有效，达到目标要求	20		
团队意识	小组合作，服从安排	5		
时间管理	遵守计划安排，规定时间完成	5		
学习态度	积极、主动、探究	5		

思考拓展

1. 网店商品分类图有哪几种形式?
2. 为了提高网店商品分类图的使用效果，你还有哪些想法?
3. 以“家乡特产”为主题制作一张网店商品分类图。

任务 5　网店页尾区设计

学习目标

1. 熟悉并掌握网店页尾区的设计要点。
2. 熟悉并掌握网店页尾区的设计思路。
3. 能够制作网店页尾区。

任务引入

张伟、王平接到制作“南山大集”网店页尾区的任务后，为了更好地完成设计任务，他们从网上收集资料，并找专业老师指导制作网店页尾区的要求和方法。

任务分析

网店页尾区虽然在整个网店首页的最末端，但却是保障店家和用户利益最重要的部分，存在内容多、排版难的问题。因此在制作网店页尾区之前，需要熟悉网店页尾区的设计要点和设计步骤。

相关知识

一、基础知识

1. 网店页尾区概述

网店页尾区位于最下方，也常被称为“底部通栏”，是一个独立且唯一的模块。网店页尾区包含很大的信息量，包括网店申明和公告等信息，在为用户提供方便的同时体现网店的全方位服务。网店页尾区设计多使用简短的文字加上代表性的图标来传达相关信息，如图 5-5-1 所示为一款比较有代表性的页尾区设计。

2. 网店页尾区常用模块

一般网店页尾区包含以下常用模块。

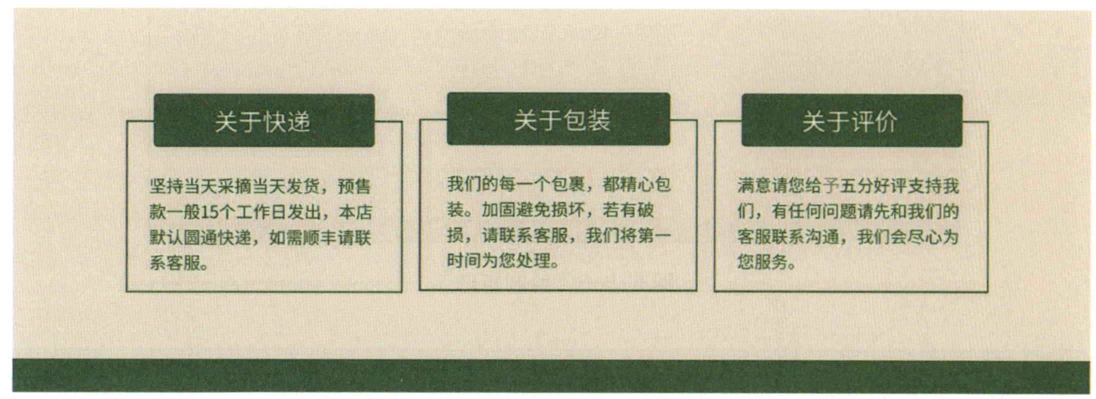

图 5-5-1 网店页尾区示例

- 网店底部导航：便于用户选择。
- 返回顶部按钮：在页面过长的情况下，加上返回顶部链接便于用户快速跳转到顶部；在页尾区添加收藏和分享网店的链接便于用户收藏网店，留住用户。
- 旺旺客服：便于用户联系客服，更好地解决用户问题。
- 温馨提示：如发货须知、客户必读、购物流程和默认快递等信息可以帮助用户快速解决购物过程中的问题，减少用户对常见问题的咨询量。

3. 网店页尾区常用尺寸

淘宝店铺页尾区的宽度为 950 像素，天猫店铺页尾区的宽度为 990 像素。

二、网店页尾区制作

本例制作“南山大集”网店页尾区，其具体操作如下：

1. 执行菜单栏中的“文件>新建”命令，在弹出的对话框中设置宽度为 1 920 像素，高度为 560 像素，分辨率为 72 像素 / 英寸，新建一个空白画布。建立垂直参考线，位置为 485 像素和 1 435 像素，效果如图 5-5-2 所示。

图 5-5-2 新建空白画布

2. 选择矩形工具，在工具属性栏中设置填充为 #62a52a，绘制 1 920 像素 ×60 像素的矩形，效果如图 5-5-3 所示。

图 5-5-3　绘制矩形 1

3. 选择横排文字工具，输入文字“售后须知”，在工具属性栏中设置字体、字体大小、文本颜色分别为苹方、80 点、#62a52a，效果如图 5-5-4 所示。

图 5-5-4　输入文字 1

4. 选择矩形工具，在工具属性栏中设置填充、描边为 #ffffff、#62a52a、5 像素，绘制 270 像素 ×220 像素的矩形，效果如图 5-5-5 所示。

图 5-5-5　绘制矩形 2

5. 选择矩形工具，在工具属性栏中设置填充为 #ffffff，绘制 270 像素 ×70 像素的矩形，设置圆角为 10、10、0、0，效果如图 5-5-6 所示。

图 5-5-6　绘制矩形 3

6. 选择横排文字工具，输入文字“关于产品”，在工具属性栏中设置字体、字体大小、文本颜色分别为苹方、33 点、#62a52a，效果如图 5-5-7 所示。

图 5-5-7　输入文字 2

7. 选择横排文字工具，输入文字“本店所有产品都是由厂家直接生产销售，一手货源，质量保证，所有的产品展示、尺寸信息，以及商品描述都是实际描述，亲可以放心拍下。”，在工具属性栏中设置字体、字体大小、文本颜色分别为苹方、15 点、#62a52a，效果如图 5-5-8 所示。

图 5-5-8　输入文字 3

8. 按【Ctrl+J】组合键复制一个“关于色差”和“关于物流”矩形框，最终效果如图 5-5-9 所示。

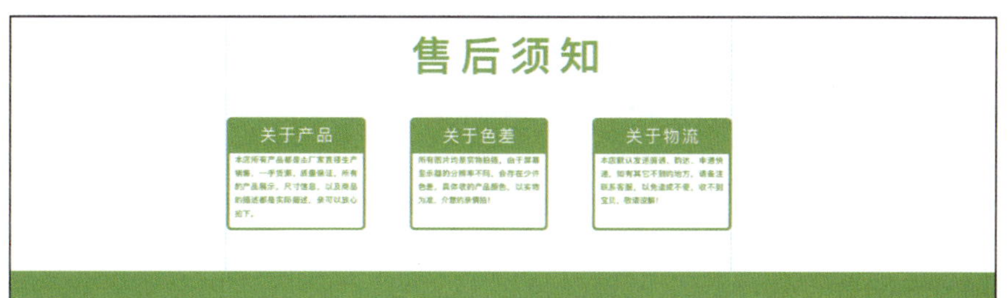

图 5-5-9　最终效果

任务实施

1. 各小组梳理完成“网店页尾区设计思路”和“网店页尾区设计要点”的思维

导图。

2. 利用思维导图将本任务所学到的知识点进行小组讨论与总结。

3. 以下图为样本制作网店页尾区。

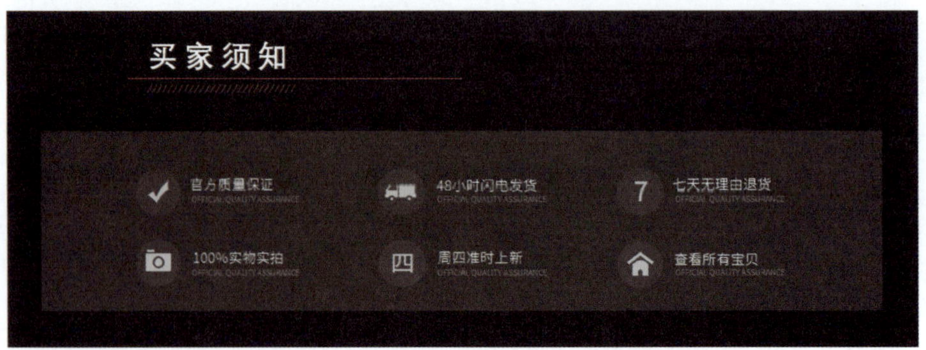

任务评价

任务完成后，请根据表 5-5-1 对小组任务完成情况进行评价。

表 5-5-1　　小组任务完成情况评价表

任务编号		任务名称		
小组名称		小组成员		
评价项目	评价内容	评价分值	得分	备注
信息收集	信息途径及资料收集整理情况	10		
掌握程度	熟练程度、应用条件	10		
计划制订	时间合理，分工明确，指令清晰	20		
执行过程	实施顺利，完成规定动作	25		
成果输出	成果有效，达到目标要求	20		
团队意识	小组合作，服从安排	5		
时间管理	遵守计划安排，规定时间完成	5		
学习态度	积极、主动、探究	5		

思考拓展

1. 不同行业网店的页尾区有什么区别？

2. 为了提高网店页尾区的使用效果，你还有哪些想法？

3. 以“家乡特产”为主题制作网店页尾区。

项目六　网店推广图视觉设计

项目引入

网上购物看不到实物，只有努力对自己的网店进行推广营销，让用户了解网店和网店中的商品，建立起对网店的信任，才有可能实现销售转化。因此，掌握网店推广图的设计原则和方法，做好网店推广图视觉设计显得尤为重要。

项目背景

某电商公司为助力乡村振兴，帮助果农们解决销路问题，需要把小番茄商品在“南山大集”电商平台上架，其中制作主图、直通车图和钻展图的任务交给了张伟、王平两位同学。

任务 1　主图设计

学习目标

知识目标

1. 熟悉并掌握主图的设计要点。
2. 熟悉并掌握主图的设计思路。
3. 能够制作主图。

任务引入

张伟、王平接到制作小番茄商品主图的任务后，为了更好地完成设计任务，他们从网上收集资料，并找专业老师指导制作主图的要求和方法。

任务分析

主图是商品在网店中被用户看到的第一张图片，不言而喻这张图是非常重要的。正是因为这张图非常重要，所以电商平台对它提出的要求是最多的，对违规主图的处理也是最多的。因此，不能无节制地设计这张重要的图，在制作主图之前，需要熟悉主图的设计要点和设计步骤。

相关知识

一、基础知识

1. 主图概述

主图是店铺最重要的流量入口，对引流起着关键的作用。主图设计得好坏，将直接关系到商品的销售。因此，主图的设计必须体现商品的特色和卖点，以引起用户点击的兴趣。例如，要买水果特产，在网站搜索框中输入关键词“水果特产”，单击“搜索”按钮，搜索结果页面如图 6-1-1 所示。

图 6-1-1　水果特产主图页面

2. 主图行业规范

在不同平台上，主图设计的规则也不尽相同（不同行业也会有差异），如淘宝网对于居家日用品行业的热水袋类要求“第四张主图须清晰展示商品内部结构图以及外部包装款式，且图片必须为白底，不得出现其他信息”。因此，要特别注意主图设计中的各种平台规则，以防因违规造成不必要的损失。

3. 主图制作要求

（1）主图常用尺寸为 700 像素 ×700 像素。

（2）主图文件大小不能超过 3 MB。

（3）主图文字清晰，文字内容和色块数量不宜过多，以突出商品主体。

二、主图制作

本例将制作小番茄主图，其具体操作如下：

1. 执行菜单栏中的“文件>新建”命令，在弹出的对话框中设置宽度为 500 像素，高度为 500 像素，分辨率为 72 像素 / 英寸，新建一个空白画布，如图 6-1-2 所示。

2. 导入“项目六任务 1 背景”素材图片，并居中对齐，如图 6-1-3 所示。

3. 选择矩形工具，在工具属性栏中设置填充为 #148f50，在图片的上方绘制 800 像素 × 155 像素的矩形，移动到页面底部，如图 6-1-4 所示。

4. 使用钢笔工具绘制圆角梯形，填充设置为 #148f50，并移动到页面顶部，效果如图 6-1-5 所示。

图 6-1-2 新建空白画布

图 6-1-3 导入“项目六任务 1 背景”素材图片

图 6-1-4 绘制矩形

图 6-1-5 绘制圆角梯形

5. 导入“项目六任务 1 logo”素材图片，并置于顶部居中位置，效果如图 6-1-6 所示。

图 6-1-6　导入“项目六任务 1 logo”素材图片

6. 执行“图层样式>颜色叠加”命令，将 logo 改为白色，效果如图 6-1-7 所示。

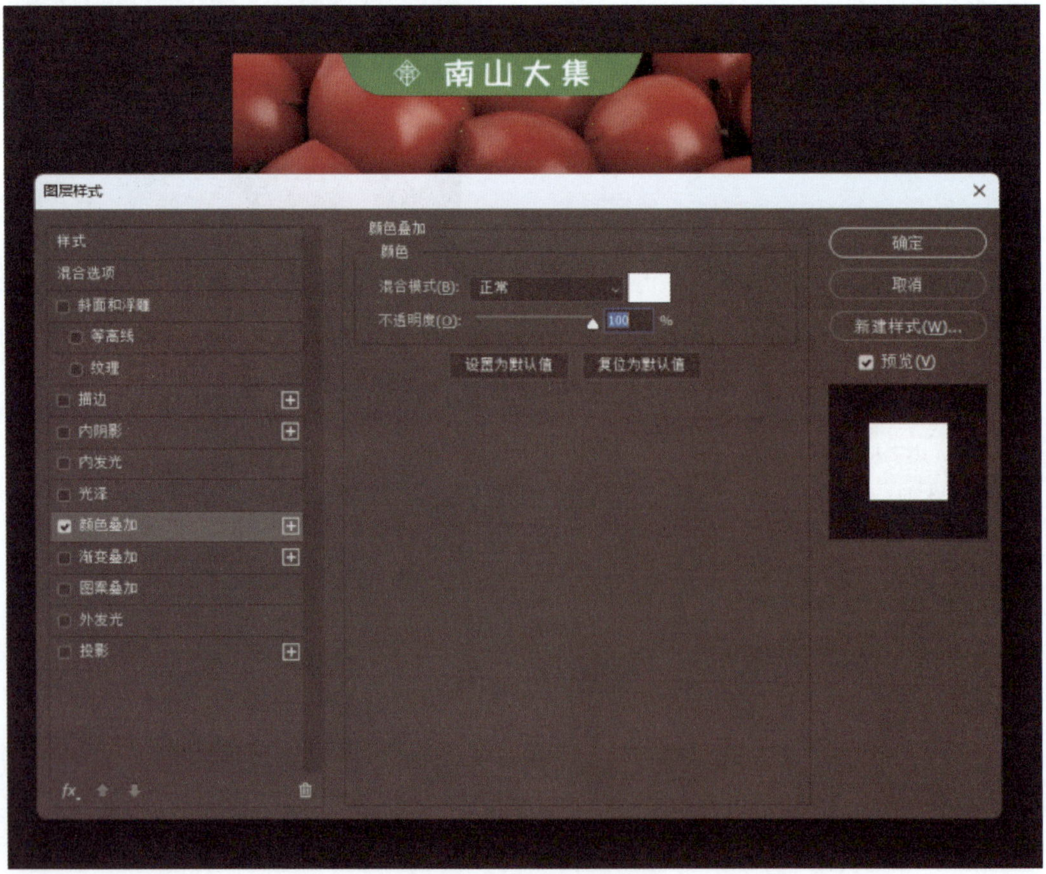

图 6-1-7　颜色叠加

7. 选择横排文字工具，输入文字“正宗南山小番茄”，在工具属性栏中设置字体、字体大小、文本颜色分别为思源黑体、35 点、#ffffff。

8. 选择横排文字工具，输入文字“清晨采摘　破损包赔”，在工具属性栏中设置字体、字体大小、文本颜色分别为思源黑体、48 点、#ffffff，效果如图 6-1-8 所示。

9. 使用直线工具绘制一条竖线。设置填充为无，描边为 #ffffff、1.3 像素、虚线，效果如图 6-1-9 所示。

图 6-1-8　输入文字 1

图 6-1-9　绘制间隔线

10. 选择横排文字工具，输入文字“5”，在工具属性栏中设置字体、字体大小、文本颜色分别为方正小标宋简体、200 点、#ffffff，效果如图 6-1-10 所示。

图 6-1-10　输入文字 2

11. 执行“图层样式>描边”命令，为文字“5”添加描边，设置大小、颜色分别为 6 像素、#148f50，效果如图 6-1-11 所示。

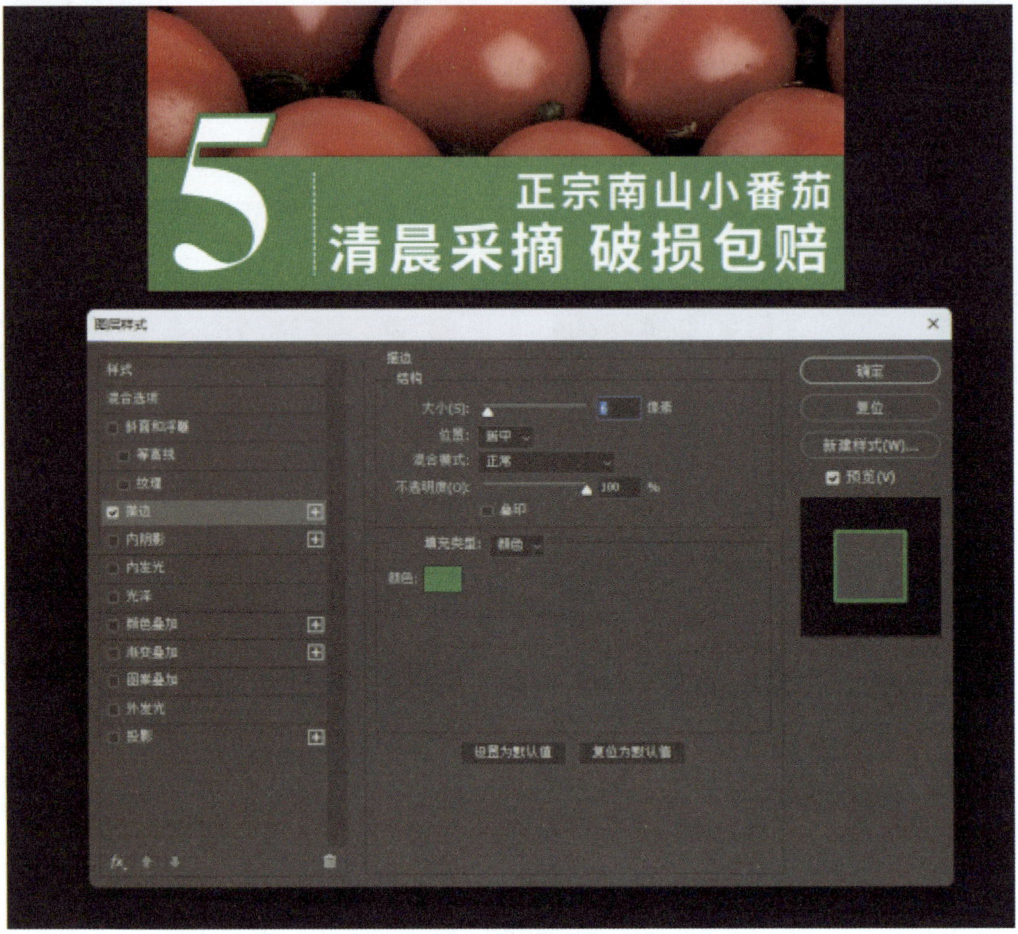

图 6-1-11　描边

12. 选择横排文字工具，输入文字“净重斤”，在工具属性栏中设置字体、字体大小、文本颜色分别为思源黑色、18 点、#ffffff，最终效果如图 6-1-12 所示。

图 6-1-12　最终效果

任务实施

1. 各小组梳理完成“主图设计思路”和“主图设计要点”的思维导图。
2. 利用思维导图将本任务所学到的知识点进行小组讨论与总结。
3. 以下图为样本制作一张主图。

任务评价

任务完成后，请根据表 6-1-1 对小组任务完成情况进行评价。

表 6-1-1　　小组任务完成情况评价表

任务编号		任务名称		
小组名称		小组成员		
评价项目	评价内容	评价分值	得分	备注
信息收集	信息途径及资料收集整理情况	10		
掌握程度	熟练程度、应用条件	10		
计划制订	时间合理，分工明确，指令清晰	20		
执行过程	实施顺利，完成规定动作	25		
成果输出	成果有效，达到目标要求	20		
团队意识	小组合作，服从安排	5		
时间管理	遵守计划安排，规定时间完成	5		
学习态度	积极、主动、探究	5		

思考拓展

1. 查一查，不同行业主图的规格有哪些。
2. 为了提高主图的关注度，你还有哪些想法？
3. 以“家乡特产店”为主题制作一张主图。

任务 2　直通车图设计

学习目标

1. 熟悉并掌握直通车图的设计要点。
2. 熟悉并掌握直通车图的设计思路。
3. 能够制作直通车图。

任务引入

张伟、王平接到制作小番茄直通车图的任务后，为了更好地完成设计任务，他们从网上收集资料，并找专业老师指导制作直通车图的要求和方法。

任务分析

直通车包含三个主要因素：关键词、出价、直通车图。关键词和出价决定了直通车图能否被用户看到，而直通车图是用户愿不愿意点击的重要决定因素。在制作直通车图之前，需要熟悉直通车图的设计要点和设计步骤。

相关知识

一、基础知识

1. 直通车概述

直通车是阿里巴巴公司推出的一种点击付费式推广工具。通过直通车推广的商品，不仅会出现在淘宝搜索页面上，还可以出现在其他指定的推广页面上，其覆盖面非常广。卖家可以为推广的每一款商品设置 200 个关键词，并可以针对每个关键词自由竞价。直通车可以多维度、全方位地提供各类报表以及信息，从而快速、便捷地进行批量操作。商家可以根据自身的实际需要，按时间和地域来控制推广费用，精准定位目标消费群体，降低推广成本，提高网店的整体曝光度和点击流量，最终达到提升销售额的目的。

2. 直通车图尺寸说明

直通车图分为店铺直通车图和商品直通车图两种，二者除设计尺寸不同之外，其链接方式也不同。店铺直通车图链接到店铺首页或者活动页，商品直通车图链接到商品详情页。店铺直通车图设计尺寸为 210 像素 ×315 像素，文件尺寸不得超过 480 KB，展示尺寸为 180 像素 ×270 像素（最小值）。商品直通车图设计尺寸为 800 像素 ×800 像素，文件不超过 480 KB，展示尺寸为 200 像素 ×200 像素（最小值）。

3. 直通车图展示位置

在淘宝网页的搜索框中搜索关键词时，输入关键词、单击“搜索”按钮后进入的页面就是直通车图所在的位置，如图 6-2-1 所示。直通车图的展示位一共有 22 个，另外在搜索结果页面右侧还有 12 个竖展示位，在页面底端还有 5 个横展示位。搜索页面可一页一页往后翻，展示位以此类推。

图 6-2-1　直通车图示意

4. 直通车图设计原则

为了提高直通车图的点击率，商家会通过不同的卖点、不同的设计形式制作多张直通车图并依次测试，最终选择点击率与转换率最优的直通车图进行推广。一般情况下，制作直通车推广图应遵循以下 4 个原则。

（1）主题卖点简洁精确

主题卖点只有一个，要紧扣用户诉求，表述简洁明了、直接精确。为了便于用户接受，标题应尽量控制在 6 个字以内，直击用户需求痛点，才能打动用户。

（2）文案精练有创意

卖点可以直接通过商品图片来展示，当商品图片不足以准确地传达卖点信息时，精练、有创意的文案配上商品图片会更好地传达商品卖点。

（3）构图合理

直通车图的设计讲究整齐和统一，图文搭配比例平衡、逻辑清晰，遵循从左至右、从上至下，先中间后两边的视觉流程，合理控制图片重心；文字信息量不宜多，且不要覆盖商品，否则会影响商品的展示效果；图中文字的排列方式、行距、字体颜色、样式等要整齐统一，并通过改变字体大小或者颜色来清晰地体现信息的主次关系。直通车图的构图方式有很多，包括中心构图、左右构图、三角构图、斜角构图、黄金比例构图等。

（4）具有吸引力

应通过素材差异化、构图差异化或文案差异化，形成与其他商品直通车图的鲜明对比。可以使用独特的拍摄手法、夸张的文案等方式增强图片吸引力，从而快速吸引用户。需要注意的是，若商品的款式吸引力强，就应该充分、全面地展示款式，而不需要烦琐的文案。背景大量留白、色彩单一，反而更能体现商品的品质，更加吸引用户的注意力。

5. 直通车图设计的行业规范

直通车图的主图会根据点击率而随时更换，且淘宝对于直通车的主图也有一定的要求，具体如下：

- 标识要放在图片左上方。
- 图片不得拼接，除特殊情况外，如情侣装、亲子装等，图片中不能有多个主体。
- 图片不得出现任何形式的边框。
- 图片不得包含促销文字等说明，如秒杀、限时折扣等。
- 图片不得出现水印，如店铺水印、标识水印等。
- 图片不得留白。
- 图片必须是实物图。

二、直通车图制作

本例将制作一个以“乡村振兴”为主题的南山小番茄直通车图，其具体操作如下：

1. 执行菜单栏中的“文件>新建”命令，在弹出的对话框中设置宽度为 800 像素，高度为 800 像素，分辨率为 72 像素 / 英寸，新建一个空白画布，如图 6-2-2 所示。

2. 设置前景色为 #dc100f，按【Ctrl+Delete】组合键填充前景色，效果如图 6-2-3 所示。

图 6-2-2 新建空白画布

图 6-2-3 设置前景色

3. 选择矩形工具，在工具属性栏中设置填充为 #ffffff，绘制 710 像素 ×770 像素的矩形，效果如图 6-2-4 所示。

4. 选择矩形工具，在工具属性栏中设置填充为 #dc100f，绘制 275 像素 ×50 像素的矩形，效果如图 6-2-5 所示。

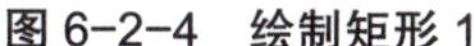

图 6-2-4 绘制矩形 1

图 6-2-5 绘制矩形 2

5. 选择椭圆工具，在工具属性栏中设置填充为 #dc100f，绘制直径为 55 像素的椭圆，效果如图 6-2-6 所示。

6. 按 7 次【Ctrl+J】组合键复制椭圆，并依次拖拽至合适位置，效果如图 6-2-7 所示。

图 6-2-6　绘制椭圆

图 6-2-7　复制椭圆

7. 导入“项目六任务 2 番茄”素材图片，将其拖拽到白色矩形的右侧，调整图片大小和位置，效果如图 6-2-8 所示。

8. 选择横排文字工具，输入文字“享受来自新鲜的美”，在工具属性栏中设置字体、字体大小、文本颜色分别为思源黑体、30 点、#ffffff，效果如图 6-2-9 所示。

图 6-2-8　导入“项目六任务 2 番茄”素材图片

图 6-2-9　输入文字 1

9. 选择横排文字工具，输入文字“正宗南山小番茄”，在工具属性栏中设置字体、字体大小、文本颜色分别为苹方、72 点、#000000，效果如图 6-2-10 所示。

10. 选择横排文字工具，在圆形框内输入文字“精选大果　现摘现卖”，在工具属性栏中设置字体、字体大小、文本颜色分别为苹方、36 点、#fffff，效果如图 6-2-11 所示。

11. 选择横排文字工具，输入文字“舌尖上的美味”“DELICIOUS ON THE TIO OF YOUR TONGUE”，在工具属性栏中设置字体、字体大小、文本颜色分别为思源黑体、40 点、#2c2c2c 和思源黑体、16 点、#2c2c2c，效果如图 6-2-12 所示。

12. 选择横排文字工具，输入文字“清晨采摘　破损包赔”，在工具属性栏中设置字体、字体大小、文本颜色分别为思源黑体、60 点、#ffffff，效果如图 6-2-13 所示。

图 6-2-10 输入文字 2

图 6-2-11 输入文字 3

图 6-2-12 输入文字 4

图 6-2-13 输入文字 5

13. 选择横排文字工具，输入文字“5”，在工具属性栏中设置字体、字体大小、文本颜色分别为方正小标宋简体、300 点、#ffffff，效果如图 6-2-14 所示。

14. 执行“图层样式>描边”命令，为文字“5”添加描边，设置大小为 6 像素，颜色为 dc100f，效果如图 6-2-15 所示。

图 6-2-14 输入文字 6

图 6-2-15 添加描边

15. 选择横排文字工具，输入文字“净重斤”，在工具属性栏中设置字体、字体大小、文本颜色分别为思源黑体、50 点、#ffffff，效果如图 6-2-16 所示。

16. 导入“项目六任务 2 logo”素材图片，将其放在右上角，如图 6-2-17 所示。

图 6-2-16　输入文字 7

图 6-2-17　导入“项目六任务 2 logo”素材图片

17. 执行“图层样式>颜色叠加”命令，将 logo 改为 #dc100f，完成直通车图的制作，最终效果如图 6-2-18 所示。

图 6-2-18　最终效果

任务实施

1. 各小组梳理完成“直通车图设计思路”和“直通车图设计要点”的思维导图。
2. 利用思维导图将本任务所学到的知识点进行小组讨论与总结。
3. 以下图为样本制作一张直通车图。

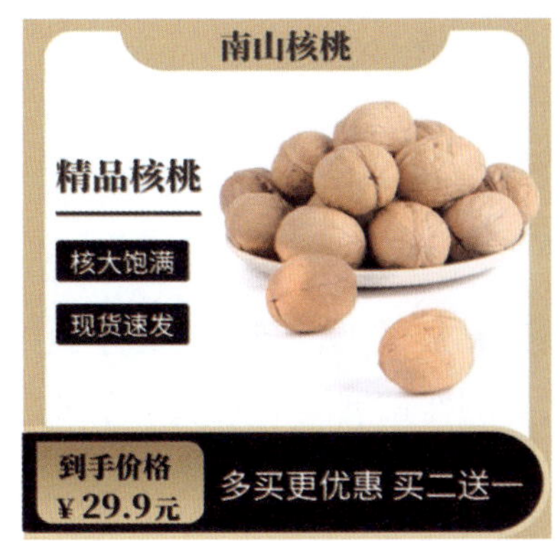

任务评价

任务完成后，请根据表 6-2-1 对小组任务完成情况进行评价。

表 6-2-1　　小组任务完成情况评价表

任务编号		任务名称		
小组名称		小组成员		
评价项目	评价内容	评价分值	得分	备注
信息收集	信息途径及资料收集整理情况	10		
掌握程度	熟练程度、应用条件	10		
计划制订	时间合理，分工明确，指令清晰	20		
执行过程	实施顺利，完成规定动作	25		
成果输出	成果有效，达到目标要求	20		
团队意识	小组合作，服从安排	5		
时间管理	遵守计划安排，规定时间完成	5		
学习态度	积极、主动、探究	5		

思考拓展

1. 直通车图和主图的区别有哪些？能用一样的图片吗？
2. 为了提高直通车图的使用效果，你还有哪些想法？
3. 以“家乡特产”为主题制作一张直通车图。

任务 3　钻展图设计

学习目标

1. 熟悉并掌握钻展图的设计要点。

2. 熟悉并掌握钻展图的设计思路。

3. 能够制作钻展图。

任务引入

张伟、王平接到制作小番茄钻展图的任务后，为了更好地完成设计任务，他们从网上收集资料，并找专业老师指导制作钻展图的要求和方法。

任务分析

钻展图是淘宝平台除直通车之外的另一个引流工具，许多卖家都会在这个区域投入大量的精力来吸引用户的关注，往往一些切合用户需求的图点击率更高一些。在制作钻展图之前，需要熟悉钻展图的设计要点和设计步骤。

相关知识

一、基础知识

1. 钻展图概述

钻石展位（简称钻展）是按照流量竞价售卖的广告位，计费单位为 CPM（每千次浏览单价），按照出价从高到低进行展现。钻石展位依靠钻展图的创意吸引用户点击，获取巨大流量。因此，考察钻展图投放性价比的关键在于点击率。在同样成本支出与展现量的情况下，钻展图的点击率越高，其所引起的引流效果就越明显。要想提高钻展图的点击率，必须使图片更加具备视觉冲击力和吸引力，如图 6-3-1 所示。

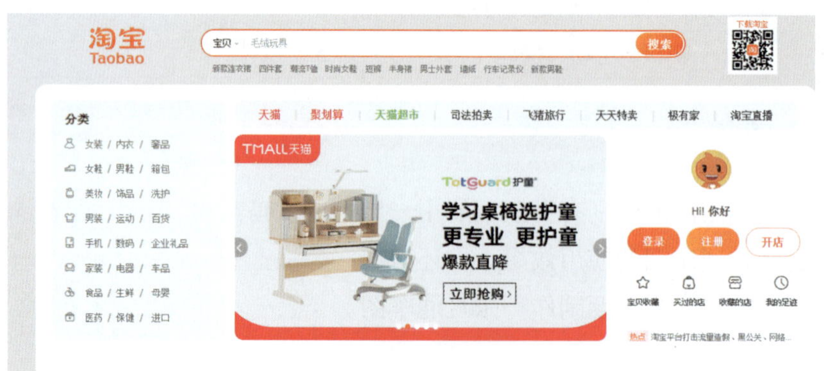

图 6-3-1　钻展图示意

2. 钻展图设计原则

（1）因地制宜

不同的钻展位置面向的人群不同，其消费特征和兴趣点也各不相同。因此，在制作钻展图时，要根据钻展位置、尺寸等信息调整广告诉求，并采取合适的表达方式，充分体现钻展图的个性化、定制化和差异化特征。

（2）主图突出

钻展图既可以是商品图片，也可以是创意方案，还可以是用户需求。由于钻展图的尺寸相对较大一些，且有多种规格可供选择，在可操作性方面要比直通车图更强。所以，在设计时钻展图一定要突出，这样才更能吸引用户点击。

（3）目标明确

在钻展图的设计制作中，首先需要明确钻展投放的营销目标，再根据目标、投放位置及尺寸进行有针对性的素材选择和创意设计，这样点击率才更有保障。

（4）形式美观

形式美观的钻展图更能获得用户的好感，吸引用户点击。在素材相同、创意类似的情况下，钻展图的美感就成了用户决定是否点击的关键因素。

3. 钻展图设计的行业规范

钻展图设计的行业规范具体如下：

- 不允许出现 Flash 广告，只能使用 JPEG 格式或者 GIF 格式的图片。
- 所有广告投放的素材必须清晰。
- 广告素材要求无边框。
- 严禁出现鼠标的手形、箭头等形状。
- 严禁出现假分页、翻页，严禁出现视频模式。
- 不能出现杂志、媒体、明星推荐、OS 认证等字样。
- 图片严禁出现拼接形式，不得出现白色竖条。
- 创意中不能出现月销千件、全网最低、淘宝店铺销量第一、销售冠军、热荐、顶级等类似以淘宝名义进行宣传或虚假描述误导用户的字眼。

二、钻展图制作

本例将制作小番茄钻展图，其具体操作如下：

1. 执行菜单栏中的“文件>新建”命令，在弹出的对话框中设置宽度为 800 像素，高度为 800 像素，分辨率为 72 像素 / 英寸，新建一个空白画布，如图 6-3-2 所示。

图 6-3-2　新建空白画布

2. 新建图层，选择渐变工具，在工具属性栏中设置填充为 #f81f09，透明度为 100%、0，按住鼠标左键从左往右绘制渐变填充，效果如图 6-3-3 所示。

图 6-3-3　渐变工具

3. 导入“项目六任务 3 番茄”素材图片，将其拖拽到白色矩形的左侧，调整图片大小和位置，效果如图 6-3-4 所示。

图 6-3-4　导入“项目六任务 3 番茄”素材图片

4. 选择图层“番茄”，设置图层混合模式为正片叠底，效果如图 6-3-5 所示。

图 6-3-5　正片叠底

5. 按【Ctrl+J】组合键复制“番茄”图层，并设置图层混合模式为正常，效果如图 6-3-6 所示。

图 6-3-6　复制图层

6. 使用橡皮擦工具，将“番茄 拷贝”图层左侧擦除，保留右侧高光，效果如图 6-3-7 所示。

图 6-3-7　擦除

7. 导入“项目六任务 3 装饰”素材图片，居中放置，并调整图片大小和位置，效果如图 6-3-8 所示。

图 6-3-8　导入“项目六任务 3 装饰”素材图片

8. 导入“项目六任务 3 装饰条”素材图片，将其放在左上角，并调整图片大小和位置，效果如图 6-3-9 所示。

图 6-3-9　导入“项目六任务 3 装饰条”素材图片

9. 选择横排文字工具，输入文字“颗颗饱满　红润剔透　新鲜发货”，在工具属性栏中设置字体、字体大小、文本颜色分别为思源黑体、3.3 点、#d93d29，效果如图 6-3-10 所示。

图 6-3-10　输入文字 1

10. 选择横排文字工具，输入文字“南山小番茄特卖专场”，在工具属性栏中设置字体、字体大小、文本颜色分别为思源黑体、8 点、#fff9c7，效果如图 6-3-11 所示。

图 6-3-11　输入文字 2

11. 执行“图层样式>外发光”命令，设置透明度为 20%，颜色为 #fff9c7，效果如图 6-3-12 所示。

图 6-3-12 外发光

12. 选择横排文字工具，输入文字“FRESH TOMATO”，在工具属性栏中设置字体、字体大小、文本颜色分别为思源黑体、2.5 点、#fff9c7，最终效果如图 6-3-13 所示。

图 6-3-13 最终效果

任务实施

1. 各小组梳理完成“钻展图设计思路”和“钻展图设计要点”的思维导图。
2. 利用思维导图将本任务所学到的知识点进行小组讨论与总结。
3. 以下图为样本制作一张钻展图。

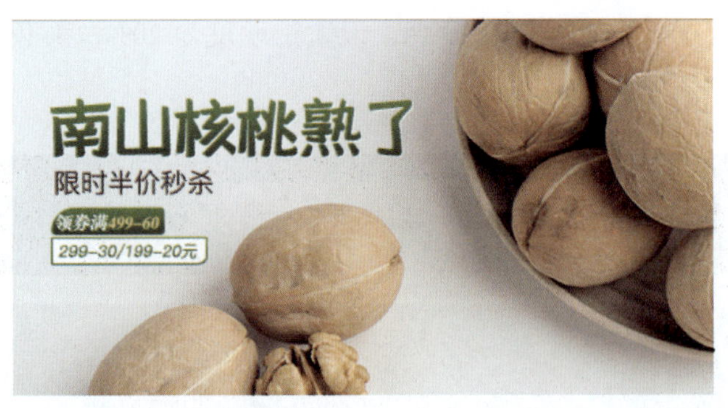

任务评价

任务完成后，请根据表 6-3-1 对小组任务完成情况进行评价。

表 6-3-1　　小组任务完成情况评价表

任务编号		任务名称		
小组名称		小组成员		
评价项目	评价内容	评价分值	得分	备注
信息收集	信息途径及资料收集整理情况	10		
掌握程度	熟练程度、应用条件	10		
计划制订	时间合理，分工明确，指令清晰	20		
执行过程	实施顺利，完成规定动作	25		
成果输出	成果有效，达到目标要求	20		
团队意识	小组合作，服从安排	5		
时间管理	遵守计划安排，规定时间完成	5		
学习态度	积极、主动、探究	5		

思考拓展

1. 直通车图和钻展图的区别有哪些？能用一样的图片吗？
2. 为了提高钻展图的使用效果，你还有哪些想法？
3. 以“家乡特产”为主题制作一张钻展图。

项目七　网店详情页视觉设计

项目引入

从用户进入网店到最终成单，除网店客服的沟通作用外，一份翔实的详情页介绍也能起到不错的成单效果。因此，对网店详情页进行有效设计是至关重要的。

项目背景

某电商公司为助力乡村振兴，帮助果农们解决销路问题，计划在“南山大集”电商平台上架一批核桃。公司把制作核桃详情页的任务交给了张伟、王平两位同学。

任务1　详情页广告区设计

学习目标

1. 熟悉并掌握详情页广告区的设计要点。
2. 熟悉并掌握详情页广告区的设计思路。
3. 能够制作详情页广告区。

任务引入

张伟、王平接到制作核桃详情页广告区的任务后，为了更好地完成设计任务，他们从网上收集资料，并找专业老师指导制作详情页广告区的要求和方法。

任务分析

详情页广告区位于详情页的顶端，对于用户而言，是最先接触到商品特性的部分，也决定了用户是否要继续了解商品细节。在制作详情页广告区之前，需要熟悉详情页广告区的设计要点和设计步骤。

相关知识

一、基础知识

1. 详情页广告区概述

详情页广告区一般位于商品基础信息的下方，是为推广该款商品而设计的海报，由商品、主题、卖点三部分组成。它主要通过突出商品优势以及放大商品特点来吸引用户购买，在设计时要注重页面版式的统一性和变化性，整体要美观协调，如图 7-1-1 所示。

图 7-1-1　详情页广告区

2. 详情页广告区设计原则

设计商品详情页广告区一般有两个目的，一是明确主题、突出商品卖点，二是承上启下，做好商品信息的过渡。广告区图中最好只有一个商品主体，商品主体要呈现在画面中的焦点位置。若有其他装饰物，则应尽量减小装饰物所占用的空间，以免模糊主体。焦点图中的文案要以展示商品特点为主，主要包括标题和描述性文案。标题文案的内容应尽量简短、干练，字体要大且有创意，以辅助展示商品特点并吸引用户视线。描述性文案的内容可稍多一些，注意文字不要遮挡画面中的视觉元素，一般位于页面顶部、侧面或底部。

二、详情页广告区制作

本例将制作详情页广告区，其具体操作如下：

1. 执行菜单栏中的“文件>新建”命令，在弹出的对话框中设置宽度为 790 像素，高度为 1 200 像素，分辨率为 72 像素 / 英寸，新建一个空白画布，效果如图 7-1-2 所示。

2. 导入“项目七任务 1 背景”素材图片，并居中对齐，效果如图 7-1-3 所示。

图 7-1-2　新建空白画布

图 7-1-3　导入“项目七任务 1 背景”素材图片

3. 导入“项目七任务 1 框”素材图片，并居中对齐，效果如图 7-1-4 所示。

4. 选择竖排文字工具，输入文字“有机种植　纯天然自然成熟绿色健康”，在工具属性栏中设置字体、字体大小、文本颜色分别为思源黑体、18 点、#ffffff。

5. 选择竖排文字工具，输入文字“Organic planting pure natural”，在工具属性栏中设置字体、字体大小、文本颜色分别为思源黑体、18 点、#ffffff。

6. 选择竖排文字工具，输入文字“值得每天一粒的好核桃”，在工具属性栏中设置字体、字体大小、文本颜色分别为思源黑体、28 点、#ffffff。

7. 选择横排文字工具，输入文字“NAN SHAN”，在工具属性栏中设置字体、字体大小、文本颜色分别为思源黑体、35 点、#ffffff。

8. 选择竖排文字工具，输入文字“鸡爪绵核桃”，在工具属性栏中设置字体、字体大小、文本颜色分别为思源黑体、125 点、#ffffff，效果如图 7-1-5 所示。

图 7-1-4　导入“项目七任务 1 框”素材图片

图 7-1-5　输入文字

9. 导入“项目七任务 1 logo”素材图片，并居中对齐，效果如图 7-1-6 所示。

10. 执行“图层样式>颜色叠加”命令，将 logo 改为 #ffffff，最终效果如图 7-1-7 所示。

图 7-1-6　导入“项目七任务 1 logo”素材图片

图 7-1-7　最终效果

任务实施

1. 各小组梳理完成“详情页广告区设计思路”和“详情页广告区设计要点”的思维导图。

2. 利用思维导图将本任务所学到的知识点进行小组讨论与总结。

3. 以下图为样本制作详情页广告区。

任务评价

任务完成后，请根据表 7-1-1 对小组任务完成情况进行评价。

表 7-1-1　　小组任务完成情况评价表

任务编号		任务名称		
小组名称		小组成员		
评价项目	评价内容	评价分值	得分	备注
信息收集	信息途径及资料收集整理情况	10		
掌握程度	熟练程度、应用条件	10		
计划制订	时间合理，分工明确，指令清晰	20		
执行过程	实施顺利，完成规定动作	25		
成果输出	成果有效，达到目标要求	20		
团队意识	小组合作，服从安排	5		
时间管理	遵守计划安排，规定时间完成	5		
学习态度	积极、主动、探究	5		

思考拓展

1. 首页广告区和详情页广告区的区别有哪些?
2. 为了提高详情页广告区的使用效果，你还有哪些想法?
3. 以“家乡特产”为主题制作详情页广告区。

任务2　详情页商品描述区设计

学习目标

1. 熟悉并掌握详情页商品描述区的设计要点。
2. 熟悉并掌握详情页商品描述区的设计思路。
3. 能够制作详情页商品描述区。

任务引入

张伟、王平接到制作核桃详情页商品描述区的任务后，为了更好地完成设计任务，他们从网上收集资料，并找专业老师指导制作详情页商品描述区的要求和方法。

任务分析

详情页商品描述区是详情页中占比最大的部分，对于用户而言，这是了解商品细节的一种途径；对于商家而言，一个好的详情页商品描述区能够提升成单率并降低客服压力，无论是从哪个方面来看，详情页商品描述区的设计都十分重要。在制作详情页商品描述区之前，需要熟悉详情页商品描述区的设计要点和设计步骤。

相关知识

一、基础知识

1. 详情页商品描述区概述

详情页商品描述区就是商品的详细信息展示区域（见图7-2-1），通过图文的方式对商品的详细信息，如商品的外观、尺寸、材质、颜色、功能、使用方法等进行介绍，其目的在于激发用户的消费欲望，增加用户对店铺的信任感，从而促使用户下单。

2. 详情页商品描述区设计规范

不同的商品，其详情页商品描述区所包含的内容也会不一样，如服装类商品在详情页中需要标明具体的尺码、材质、性能等信息，电器类商品要在详情页中标明商品的使用方法、注意事项等信息，美妆类商品要在详情页中标明商品的功效和成分等信息，如图 7-2-2 所示。

图 7-2-1　详情页商品描述区页面

图 7-2-2　服装类商品详情页商品描述区

3. 详情页商品描述区设计布局

（1）商品展示

商品展示可以让用户对商品有一个直观的认识，通常使用图片的形式来展现。图片有摆拍图和场景图两种形式，再配合广告文案，让用户充分了解商品。

（2）商品细节

细节展示是让用户进一步了解商品的主要途径。在设计详情页商品描述区时，最大限度地把商品的优势细节展示出来，对促成订单很有帮助。

（3）商品效果展示

商品效果展示主要是通过图片加说明文字的方式对商品的主要功能做详细介绍，可以详细展示商品细节，同时对细节进行补充说明。

（4）促销活动

促销活动是指适当让利给用户，以获得更多的流量和订单。在商品详情页描述区添加促销活动模块，能够激发用户快速做出购买决策。

二、详情页商品描述区制作

本例将制作详情页商品描述区，其具体操作如下：

1. 执行菜单栏中的“文件>新建”命令，在弹出的对话框中设置宽度为 790 像素，高度为 3 450 像素，分辨率为 72 像素 / 英寸，新建一个空白画布，效果如图 7-2-3 所示。

2. 选择矩形工具，在工具属性栏中设置填充为 #000000，在图片的上方绘制 790 像素 ×530 像素的矩形，移动到页面底部，效果如图 7-2-4 所示。

图 7-2-3　新建空白画布

图 7-2-4　绘制矩形 1

3. 导入“项目七任务 2 核桃 1”素材图片，并居中对齐，效果如图 7-2-5 所示。

4. 选择矩形工具，在工具属性栏中设置填充为 #e2ded1，在图片的上方绘制 135 像素 ×300 像素的矩形，移动到页面左上部，效果如图 7-2-6 所示。

图 7-2-5　导入“项目七任务 2 核桃 1”素材图片

图 7-2-6　绘制矩形 2

5. 选择矩形工具，在工具属性栏中设置填充为 #e2ded1，在图片的上方绘制 240 像素 ×1 像素的矩形，移动到“矩形 1”的右侧，效果如图 7-2-7 所示。

6. 选择竖排文字工具，输入文字“滋养脑细胞，增强脑功能”，在工具属性栏中设置字体、字体大小、文本颜色分别为苹方、22 点、#ffffff。

7. 选择竖排文字工具，输入文字“核桃仁含有较多的蛋白质及人体营养必需的不饱和脂肪酸，这些成分皆为大脑组织细胞代谢的重要物质”，在工具属性栏中设置字体、字体大小、文本颜色分别为苹方、13 点、#ffffff，效果如图 7-2-8 所示。

图 7-2-7 绘制矩形 3

图 7-2-8 输入文字 1

8. 按【Ctrl+J】组合键复制两个“防动脉硬化，降低胆固醇”和“润肌肤、乌须发”的卖点模块，效果如图 7-2-9 所示。

9. 选择横排文字工具，输入文字“产品实拍”，在工具属性栏中设置字体、字体大小、文本颜色分别为思源黑体、48 点、#5a4217，效果如图 7-2-10 所示。

图 7-2-9 复制图形

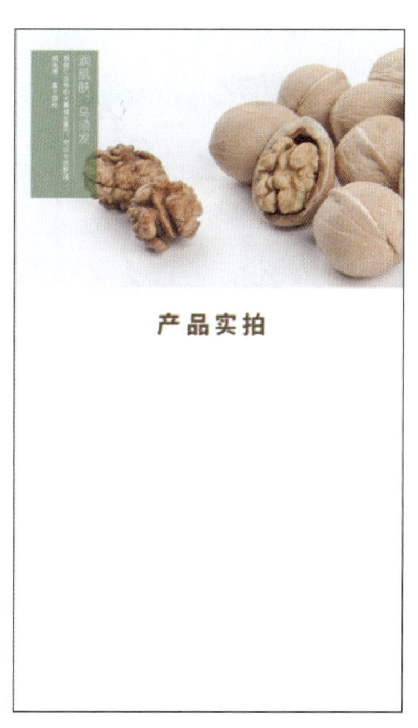

图 7-2-10 输入文字 2

10. 选择矩形工具，在工具属性栏中设置填充为 #565151，在图片的上方绘制 500 像素 ×460 像素的矩形，移动到页面中上部，效果如图 7-2-11 所示。

11. 导入“项目七任务 2 核桃 2”素材图片，按【Alt】键与“矩形 7”建立剪切蒙版，效果如图 7-2-12 所示。

图 7-2-11　绘制矩形 4

图 7-2-12　导入“项目七任务 2 核桃 2”素材图片

12. 选择椭圆工具，在工具属性栏中设置填充为 #dda414，在图片的上方绘制 135 像素 ×135 像素的椭圆，移动到页面左上部，效果如图 7-2-13 所示。

13. 选择竖排文字工具，输入文字“色”，在工具属性栏中设置字体、字体大小、文本颜色分别为思源黑体、73 点、#ffffff，效果如图 7-2-14 所示。

图 7-2-13　绘制椭圆 1

图 7-2-14　输入文字 3

14. 选择椭圆工具，在工具属性栏中设置填充为 #ffffff，在图片的上方绘制 13 像素 ×13 像素的椭圆，移动到图层“椭圆 1”上适当位置，效果如图 7-2-15 所示。

15. 选择竖排文字工具，输入文字“形态完整，零污染零添加的自然颜色”，在工具属性栏中设置字体、字体大小、文本颜色分别为思源黑体、24 点、#7a3e01，效果如

图 7-2-16 所示。

图 7-2-15　绘制椭圆 2

图 7-2-16　输入文字 4

16. 按【Ctrl+J】组合键复制两个“香”和“味”的卖点模块，最终效果如图 7-2-17 所示。

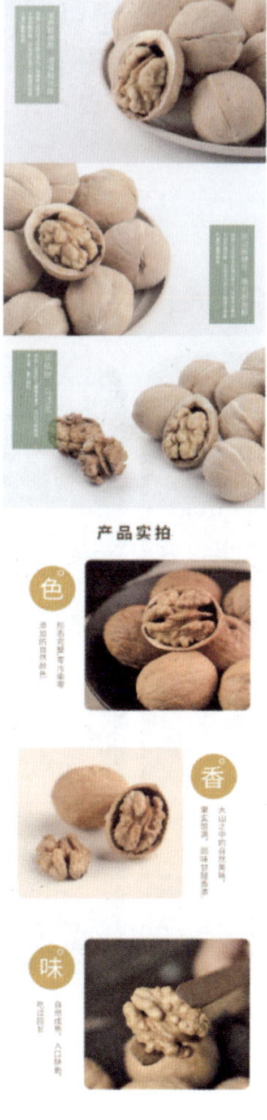

图 7-2-17　最终效果

任务实施

1. 各小组梳理完成“详情页商品描述区设计思路”和“详情页商品描述区设计要点”的思维导图。

2. 利用思维导图将本任务所学到的知识点进行小组讨论与总结。

3. 以下图为样本制作详情页商品描述区。

各类人群 共同选择

任务评价

任务完成后，请根据表 7-2-1 对小组任务完成情况进行评价。

表 7-2-1 小组任务完成情况评价表

任务编号		任务名称		
小组名称		小组成员		
评价项目	评价内容	评价分值	得分	备注
信息收集	信息途径及资料收集整理情况	10		
掌握程度	熟练程度、应用条件	10		
计划制订	时间合理，分工明确，指令清晰	20		
执行过程	实施顺利，完成规定动作	25		
成果输出	成果有效，达到目标要求	20		
团队意识	小组合作，服从安排	5		
时间管理	遵守计划安排，规定时间完成	5		
学习态度	积极、主动、探究	5		

思考拓展

1. 不同行业详情页商品描述区都有什么区别?
2. 为了提高详情页商品描述区的使用效果，你还有哪些想法?
3. 以“家乡特产”为主题制作详情页商品描述区。

任务 3 详情页规格区设计

学习目标

1. 熟悉并掌握详情页规格区的设计要点。
2. 熟悉并掌握详情页规格区的设计思路。
3. 能够制作详情页规格区。

任务引入

张伟、王平接到制作核桃详情页规格区的任务后，为了更好地完成设计任务，他们从网上收集资料，并找专业老师指导制作详情页规格区的要求和方法。

任务分析

详情页规格区对于不同商品而言，对于用户的重要性并不相同，如对于服装类商品非常重要，是用户必看的；而对于电子类商品可能用户看的就相对少一些。详情页规格区是严格受到监管的，必须如实展示信息，不能有任何虚假成分。在制作详情页规格区之前，需要熟悉详情页规格区的设计要点和设计步骤。

相关知识

一、基础知识

1. 详情页规格区概述

详情页规格区可以细分为参数说明、尺码对照展示、颜色展示、全方位展示等模块，通过这些模块的设计可以让用户更加了解商品的样式、作用和品质，如图 7-3-1 所示。

图 7-3-1　详情页规格区

2. 详情页规格区设计原则

在网店中，商品参数的表达方式多种多样，可以根据商品参数的多少与商品的特征进行灵活设计，商品参数的常用表达方式有以下 4 种。

（1）商品参数的自由输入

自由排列输入商品参数，一般需要用文本框来统一文本的行间距。

（2）商品参数表

商品参数表可以比较全面地反映出商品的特性、功能和规格等，在商品尺码方面应用得尤为广泛。

（3）商品参数与商品图片的自由组合

可以直接将商品的参数输入商品图片中。

（4）对比图的展示

在网店中，对比图除被用于展示商品的大小、容量外，还经常被用于展示商品在效果、功能等方面具有的优势。

二、详情页规格区制作

本例将制作详情页规格区，其具体操作如下：

1. 执行菜单栏中的“文件>新建”命令，在弹出的对话框中设置宽度为 790 像素，高度为 530 像素，分辨率为 72 像素 / 英寸，新建一个空白画布，效果如图 7-3-2 所示。

2. 选择横排文字工具，输入文字“产品参数”，在工具属性栏中设置字体、字体大小、文本颜色分别为思源黑体、48 点、#5a4217，效果如图 7-3-3 所示。

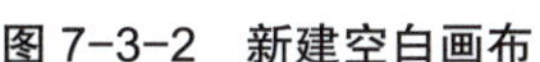

图 7-3-2　新建空白画布

图 7-3-3　输入文字 1

3. 选择矩形工具，在工具属性栏中设置填充为 #818181，绘制 605 像素 ×1 像素的矩形，效果如图 7-3-4 所示。

4. 按【Ctrl+J】组合键复制两个矩形，并均匀分布，效果如图 7-3-5 所示。

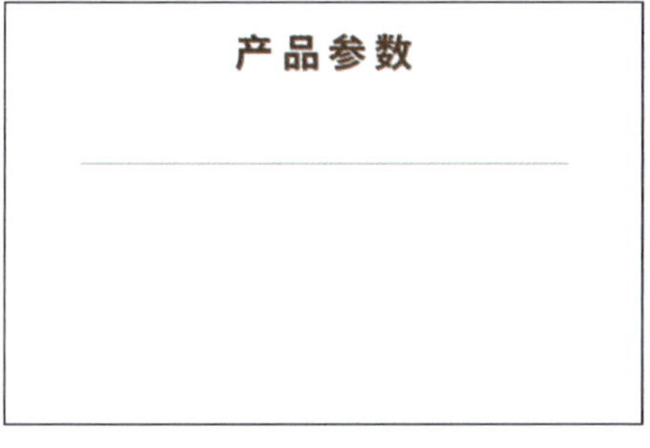

图 7-3-4　绘制矩形 1

图 7-3-5　复制矩形

5. 选择横排文字工具，输入文字“品名：核桃”“规格：500 克”“原产地：山东·济南”“品牌：南山大集”“保质期：18 个月”“存储方法：常温”“储存方法：置阴凉干燥处，防蛀”，在工具属性栏中设置字体、字体大小、文本颜色分别为思源黑体、26 点、#818181，效果如图 7-3-6 所示。

6. 选择矩形工具，在工具属性栏中设置填充为 #dda414，绘制 703 像素 ×63 像素的矩形，效果如图 7-3-7 所示。

图 7-3-6　输入文字 2

图 7-3-7　绘制矩形 2

7. 选择横排文字工具，输入文字“温馨提示：核桃与酒不能同食，容易上火的朋友不建议多吃核桃。”，在工具属性栏中设置字体、字体大小、文本颜色分别为思源黑体、23 点、#ffffff，最终效果如图 7-3-8 所示。

图 7-3-8　最终效果

任务实施

1. 各小组梳理完成“详情页规格区设计思路”和“详情页规格区设计要点”的思维导图。

2. 利用思维导图将本任务所学到的知识点进行小组讨论与总结。

3. 以下图为样本制作详情页规格区。

任务评价

任务完成后，请根据表 7-3-1 对小组任务完成情况进行评价。

表 7-3-1　　小组任务完成情况评价表

任务编号		任务名称		
小组名称		小组成员		
评价项目	评价内容	评价分值	得分	备注
信息收集	信息途径及资料收集整理情况	10		
掌握程度	熟练程度、应用条件	10		
计划制订	时间合理，分工明确，指令清晰	20		
执行过程	实施顺利，完成规定动作	25		
成果输出	成果有效，达到目标要求	20		
团队意识	小组合作，服从安排	5		
时间管理	遵守计划安排，规定时间完成	5		
学习态度	积极、主动、探究	5		

思考拓展

1. 不同行业详情页规格区都有什么区别？
2. 为了提高详情页规格区的使用效果，你还有哪些想法？
3. 以“家乡特产店”为主题制作详情页规格区。

任务 4　详情页购买须知设计

学习目标

1. 熟悉并掌握详情页购买须知的设计要点。
2. 熟悉并掌握详情页购买须知的设计思路。
3. 能够制作详情页购买须知。

任务引入

张伟、王平接到制作核桃详情页购买须知的任务后，为了更好地完成设计任务，他们从网上收集资料，并找专业老师指导制作详情页购买须知的要求和方法。

任务分析

详情页购买须知位于详情页的最下部，与首页的页尾区非常相似，都是保障店家和用户利益最重要的部分，存在内容多、排版难的问题。在制作详情页购买须知之前，需要熟悉详情页购买须知的设计要点和设计步骤。

相关知识

一、基础知识

1. 详情页购买须知概述

详情页购买须知是一个非常重要但又容易被忽略的部分，位于详情页的最下方，因各电商平台对于商家监管的要求而不断变化，行业不同其内容也不尽相同，如图 7-4-1 所示。

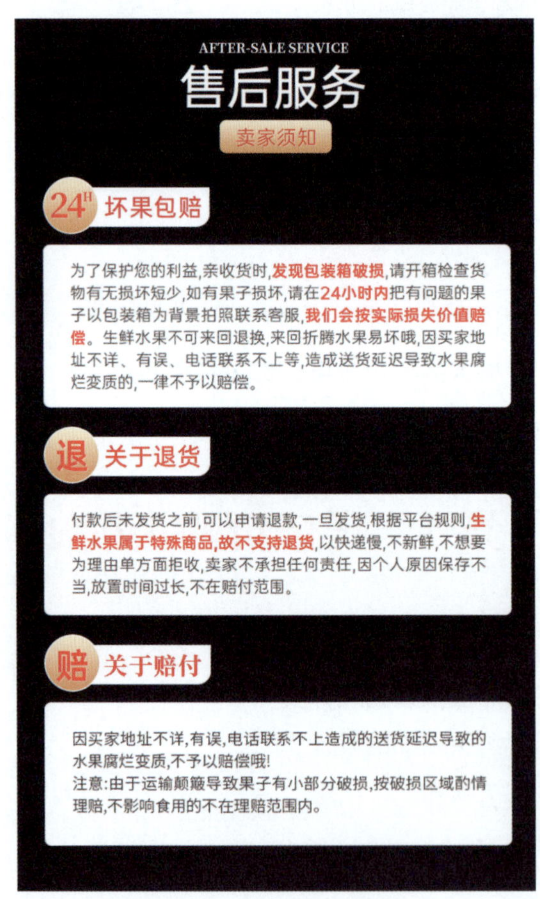

图 7-4-1 详情页购买须知

2. 详情页购买须知常用模块

详情页购买须知包含以下常用模块：

● 温馨提示：如发货须知、客户必读、购物流程和默认快递等信息可以帮助用户快速解决购物过程中的问题，减少用户对于常见问题的咨询量，如图 7-4-2 所示。

图 7-4-2　温馨提示

● 价格说明：如划线价格、未划线价格等信息可以帮助用户快速了解商品原价、活动价格、优惠价格等，减少用户对价格的歧义，如图 7-4-3 所示。

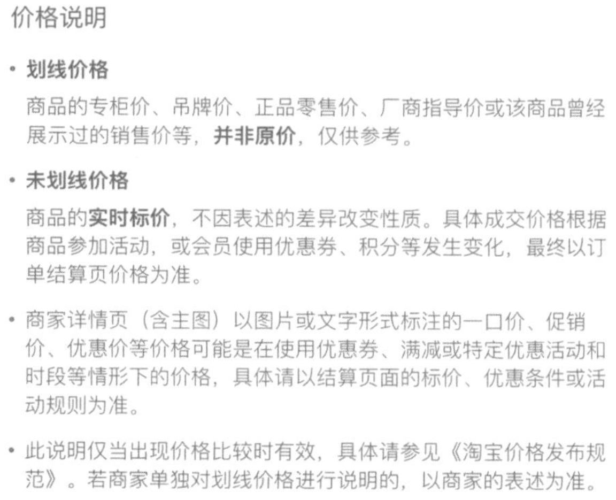

图 7-4-3　价格说明

● 特色服务：店铺售后中店家、行业或品牌独有的服务，如生鲜的烂果赔付等，如图 7-4-4 所示。

关于重量

水果运输途中会有水分蒸发流失，称重±100g左右不在赔付范围。本店水果都是用标准的电子秤称重的，亲们收到果果后建议不要用体重秤、杆秤、台秤、磅秤、弹簧秤称重，以免造成较大误差。

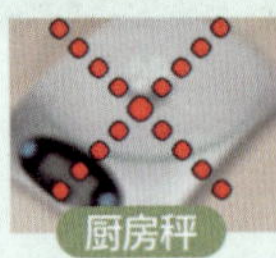

关于发货快递

不同品类快递不同，由于我们在全国有多个仓库，各个地区快递政策不同，所以快递不可指定，还望亲多多谅解。

赔付标准

净重赔付金额=售价÷净重X缺少重量
坏果赔付金额=售价÷总个数X坏果数
带箱赔付金额=售价÷带箱重量X缺少数量

图 7-4-4　特色服务

二、详情页购买须知制作

本例将制作详情页购买须知，其具体操作如下：

1. 执行菜单栏中的“文件＞新建”命令，在弹出的对话框中设置宽度为 790 像素，高度为 850 像素，分辨率为 72 像素 / 英寸，新建一个空白画布，效果如图 7-4-5 所示。

2. 选择横排文字工具，输入文字“售后无忧　品质保证”，在工具属性栏中设置字体、字体大小、文本颜色分别为思源黑体、48 点、#5a4217，效果如图 7-4-6 所示。

图 7-4-5　新建空白画布

售后无忧　品质保证

图 7-4-6　输入文字 1

3. 选择矩形工具，在工具属性栏中设置填充为 #dda414，绘制 110 像素 ×100 像素的矩形，效果如图 7-4-7 所示。

4. 选择横排文字工具，输入文字“服务承诺”，在工具属性栏中设置字体、字体大小、文本颜色分别为思源黑体、57 点、#29ac6c。

5. 选择横排文字工具，输入文字“关于退换：生鲜类目不支持七天无理由退换货服务，如收到坏果，请在签收后 24 小时内联系客服处理，超过 24 小时不予以处理哦！”，在工具属性栏中设置字体、字体大小、文本颜色分别为思源黑体、25 点、#818181，效果如图 7-4-8 所示。

图 7-4-7　绘制矩形

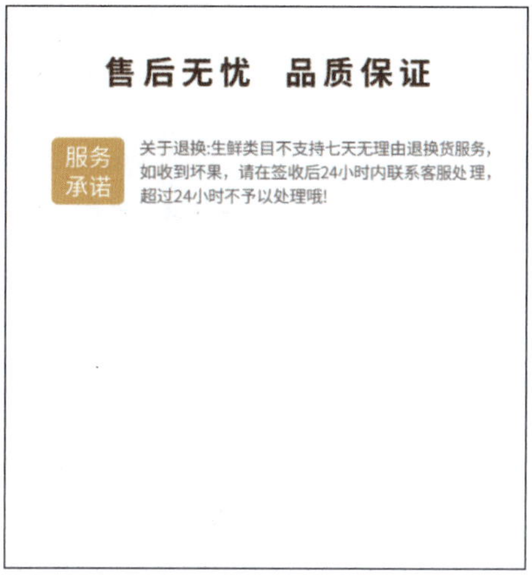

图 7-4-8　输入文字 2

6. 按【Ctrl+J】组合键复制两个“关于发货”和“关于赔付”的卖点模块，最终效果如图 7-4-9 所示。

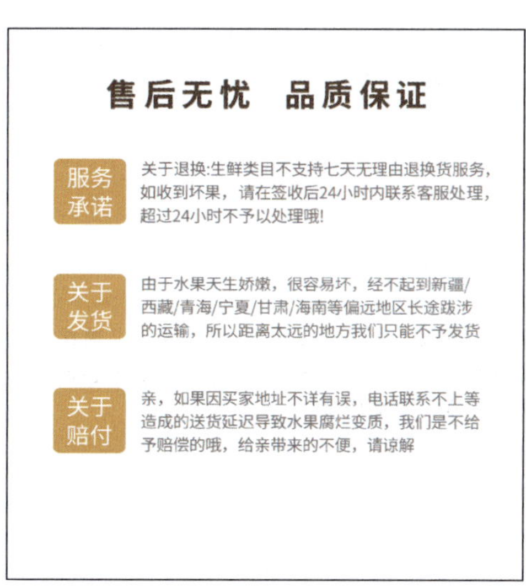

图 7-4-9　最终效果

任务实施

1. 各小组梳理完成“详情页购买须知设计思路”和“详情页购买须知设计要点”的思维导图。

2. 利用思维导图将本任务所学到的知识点进行小组讨论与总结。

3. 以下图为样本制作详情页购买须知。

01.关于发货

因生鲜水果的特殊性，所有商品7天内完成发货（预售商品以预售时间为准）。如果您是急单请先联系在线客服，拍下视同认可本店发货时间。

02.关于签收

本店物流为第三方快递，**收货地址为乡镇或需要自提的区域请谨慎购买。发货后拒收或者自提未取导致果子损耗，本店概不赔付，请谅解。**买家特殊要求（如行动不便，高龄老人）需要送货到家门口，可在下单后联系客服备注，无备注者默认买家可在自提柜或者派件网点自行取件。

03.退换问题

生鲜水果是特殊商品，依照**《中华人民共和国消费者权益保护法》**第二十五条、《网络购买商品七日无理由退货暂行办法》第六条之规定，**生鲜商品不适用7天无理由退货，**由此给您带来不便，敬请谅解！若介意请慎拍。

04.特别注意

买家收到货后，请务必把果子放入冰箱保鲜层保鲜！因个人保存不当导致果子损坏商家拒绝赔偿。**新鲜水果保质期短一旦发货，不可拒收、退货、修改地址，请您拍前确认。售后理赔请务必拍照发给客服，谢谢理解！**

任务评价

任务完成后，请根据表 7-4-1 对小组任务完成情况进行评价。

表 7-4-1　　小组任务完成情况评价表

任务编号		任务名称		
小组名称		小组成员		
评价项目	评价内容	评价分值	得分	备注
信息收集	信息途径及资料收集整理情况	10		
掌握程度	熟练程度、应用条件	10		
计划制订	时间合理，分工明确，指令清晰	20		
执行过程	实施顺利，完成规定动作	25		
成果输出	成果有效，达到目标要求	20		
团队意识	小组合作，服从安排	5		
时间管理	遵守计划安排，规定时间完成	5		
学习态度	积极、主动、探究	5		

思考拓展

1. 不同行业详情页购买须知都有什么区别？
2. 为了提高详情页购买须知的使用效果，你还有哪些想法？
3. 以“家乡特产店”为主题制作详情页购买须知。

项目八　移动端网店视觉设计

项目引入

2022 年全球移动电商应用下载量达到 59 亿次，相比 2021 年增长 7.1%，移动端网店已经成为用户最主要的网络购物渠道之一，PC 端网店逐渐被移动端网店所取代。由于移动端屏幕尺寸小、屏幕比例不统一，所以 PC 端网店的页面越来越不适合移动端的显示要求，因此单独为移动端网店设计页面就成了一种必然。

项目背景

随着手机等移动设备的普及，某电商公司发现他们运营的“南山大集”品牌网店在移动端存在显示不全和文字太小等问题，为了解决这些页面显示异常的问题，公司决定制作一套移动端网店页面，并把制作移动端网店页面的任务交给了张伟、王平两位同学。

任务 1　移动端优惠券设计

学习目标

1. 熟悉并掌握移动端优惠券的设计要点。
2. 熟悉并掌握移动端优惠券的设计思路。
3. 能够制作移动端优惠券。

任务引入

张伟、王平接到制作“南山大集”移动端优惠券的任务后，为了更好地完成设计任务，他们从网上收集资料，并找专业老师指导制作移动端优惠券的要求和方法。

任务分析

移动端网店与 PC 端网店在店铺引流方面并不相同，移动端显示内容更精简、更直观，其中，优惠券营销就是一种非常精简直观的营销模式。想要做好一张足够吸引用户的优惠券图，必须熟悉移动端优惠券的设计要点和设计步骤。

相关知识

一、基础知识

1. 优惠券概述

优惠券是一种常见的营销推广工具，可以降低商品价格，为消费者带来福利。在网购时代，优惠券更是受到广大网络用户的欢迎。合理利用优惠券能够刺激用户的购买欲，提高店铺销售转化率并促进老客户回购，如图 8-1-1 所示。

图 8-1-1 优惠券

2. 优惠券设计原则

优惠券是网店首页设计必不可少的元素。网店先通过广告区来吸引用户的视线，当用户的视线往下移动时，则应通过优惠信息来刺激用户持续浏览页面信息。优惠券的设计原则如下：

- 突出优惠力度；
- 色彩对比鲜明；
- 文字简洁明了；
- 辅助引导标签。

二、优惠券制作

本例将制作移动端优惠券，其具体操作如下：

1. 执行菜单栏中的“文件>新建”命令，在弹出的对话框中设置宽度为 750 像素，高度为 260 像素，分辨率为 72 像素 / 英寸，新建一个空白画布，效果如图 8-1-2 所示。

图 8-1-2　新建空白画布

2. 选择矩形工具，在工具属性栏中设置填充为 #dff6e6，在图片的上方绘制 750 像素 ×260 像素的矩形，并居中对齐，如图 8-1-3 所示。

图 8-1-3　绘制矩形 1

3. 导入“项目八任务 1 背景”素材图片，并移动到左侧，效果如图 8-1-4 所示。

图 8-1-4　导入“项目八任务 1 背景”素材图片

4. 选择直线工具，在工具属性栏中设置描边为 #018c00、3 像素、虚线，在图片的上方绘制 124 像素 ×1 像素的矩形，移动到图层“背景”上，如图 8-1-5 所示。

图 8-1-5　绘制虚线

5. 选择横排文字工具，输入文字“¥”，在工具属性栏中设置字体、字体大小、文本颜色分别为思源黑体、24 点、#142030。

6. 选择横排文字工具，输入文字“20”，在工具属性栏中设置字体、字体大小、文本颜色分别为思源黑体、60 点、#142030。

7. 选择横排文字工具，输入文字“店铺优惠券”，在工具属性栏中设置字体、字体大小、文本颜色分别为思源黑体、15 点、#142030。

8. 选择横排文字工具，输入文字“(限时满 120 可用)”，在工具属性栏中设置字体、字体大小、文本颜色分别为思源黑体、14 点、#018c00，效果如图 8-1-6 所示。

图 8-1-6　输入文字 1

9. 选择矩形工具，在工具属性栏中设置填充为 #142030，在图片的上方绘制 117 像素 ×64 像素的矩形，移动到“背景”中央，效果如图 8-1-7 所示。

图 8-1-7　绘制矩形 2

10. 选择竖排文字工具，输入文字“立即领取＞”，在工具属性栏中设置字体、字体大小、文本颜色分别为思源黑色、18 点、#ffffff，效果如图 8-1-8 所示。

图 8-1-8　输入文字 2

11. 按【Ctrl+J】组合键复制三个“满 120 减 30”“满 120 减 50”和“满 120 减 80”

卖点块，最终效果如图 8-1-9 所示。

图 8-1-9 最终效果

任务实施

1. 各小组梳理完成“移动端网店优惠券设计思路”和“移动端网店优惠券设计要点”的思维导图。

2. 利用思维导图将本任务所学到的知识点进行小组讨论与总结。

3. 以下图为样本制作移动端网店优惠券。

任务评价

任务完成后，请根据表 8-1-1 对小组任务完成情况进行评价。

表 8-1-1 小组任务完成情况评价表

任务编号		任务名称		
小组名称		小组成员		
评价项目	评价内容	评价分值	得分	备注
信息收集	信息途径及资料收集整理情况	10		
掌握程度	熟练程度、应用条件	10		
计划制订	时间合理，分工明确，指令清晰	20		
执行过程	实施顺利，完成规定动作	25		
成果输出	成果有效，达到目标要求	20		
团队意识	小组合作，服从安排	5		
时间管理	遵守计划安排，规定时间完成	5		
学习态度	积极、主动、探究	5		

思考拓展

1. 移动端优惠券与 PC 端优惠券有哪些不同？
2. 为了提高移动端优惠券的使用效果，你还有哪些想法？
3. 以“家乡特产店”为主题制作移动端优惠券。

任务 2　移动端海报设计

学习目标

1. 熟悉并掌握移动端海报的设计要点。
2. 熟悉并掌握移动端海报的设计思路。
3. 能够制作移动端海报。

任务引入

张伟、王平接到制作“南山大集”移动端海报的任务后，为了更好地完成设计任务，他们从网上收集资料，并找专业老师指导制作移动端海报的要求和方法。

任务分析

移动端海报与 PC 端首页广告区的作用基本一致，都是建立用户对店铺第一印象和发布优惠活动的重要展示区，只是因为移动端展示区域变小了，需要重新设计来吸引用户的关注。在制作移动端海报之前，需要熟悉移动端海报的设计要点和设计步骤。

相关知识

一、基础知识

1. 移动端海报概述

移动端首页需要通过海报来快速聚焦用户的视线。海报用以展示网店的最新动态或活动信息，以吸引用户继续浏览页面，如图 8-2-1 所示。

2. 移动端海报设计原则

移动端首屏海报的宽度一般为 200～950 像素，因此移动端海报焦点图要在有限的页面范围内放大商品和主要文案，以便用户更快速地接收到信息。

图 8-2-1　移动端海报

二、移动端海报制作

本例将制作移动端海报，其具体操作如下：

1. 执行菜单栏中的“文件＞新建”命令，在弹出的对话框中设置宽度为 640 像素，高度为 200 像素，分辨率为 72 像素 / 英寸，新建一个空白画布，效果如图 8-2-2 所示。

图 8-2-2　新建空白画布

2. 导入“项目八任务 2 背景”素材图片，并居中对齐，效果如图 8-2-3 所示。

图 8-2-3　导入“项目八任务 2 背景”素材图片

3. 导入“项目八任务 2 logo”素材图片，并居中对齐，效果如图 8-2-4 所示。

图 8-2-4 导入“项目八任务 2 logo”素材图片

4. 执行“图层样式>颜色叠加”命令，将 logo 改为 #ffffff，效果如图 8-2-5 所示。

图 8-2-5 颜色叠加

5. 选择横排文字工具，输入文字“Pure Natural Green Vegetables”，在工具属性栏中设置字体、字体大小、文本颜色分别为思源黑体、12 点、#ffffff。

6. 选择横排文字工具，输入文字“南山甄选　红皮花生”，在工具属性栏中设置字体、字体大小、文本颜色分别为思源黑体、48 点、#ffffff，效果如图 8-2-6 所示。

图 8-2-6 输入文字

7. 导入“项目八任务 2 花纹 1”素材图片，将其放置于“南山甄选　红皮花生”图层上面，按【Alt】键与“文字 2”建立剪切蒙版，调整图片大小和位置，效果如图 8-2-7 所示。

图 8-2-7 导入“项目八任务 2 花纹 1”素材图片

8. 导入“项目八任务 2 花纹 2”素材图片，将其放置于“南山甄选 红皮花生”图层上面，按【Alt】键与“文字 2”建立剪切蒙版，调整图片大小和位置，效果如图 8-2-8 所示。

图 8-2-8 导入“项目八任务 2 花纹 2”素材图片

9. 选择矩形工具，在工具属性栏中设置填充为 #ffffff，绘制 212 像素 ×28 像素的矩形，效果如图 8-2-9 所示。

图 8-2-9 绘制矩形

10. 选择横排文字工具，输入文字“限时预定中”，在工具属性栏中设置字体、字体大小、文本颜色分别为思源黑体、11 点、#bb7333，最终效果如图 8-2-10 所示。

图 8-2-10　最终效果

任务实施

1. 各小组梳理完成“移动端海报设计思路”和“移动端海报设计要点”的思维导图。
2. 利用思维导图将本任务所学到的知识点进行小组讨论与总结。
3. 以下图为样本制作一张移动端海报。

任务评价

任务完成后，请根据表 8-2-1 对小组任务完成情况进行评价。

表 8-2-1　　小组任务完成情况评价表

任务编号		任务名称		
小组名称		小组成员		
评价项目	评价内容	评价分值	得分	备注
信息收集	信息途径及资料收集整理情况	10		
掌握程度	熟练程度、应用条件	10		
计划制订	时间合理，分工明确，指令清晰	20		
执行过程	实施顺利，完成规定动作	25		
成果输出	成果有效，达到目标要求	20		
团队意识	小组合作，服从安排	5		
时间管理	遵守计划安排，规定时间完成	5		
学习态度	积极、主动、探究	5		

思考拓展

1. 移动端海报与 PC 端首页广告图有哪些不同?
2. 为了提高移动端海报的使用效果，你还有哪些想法?
3. 以“家乡特产店”为主题制作一张移动端海报。

任务 3　移动端分类展示图设计

学习目标

1. 熟悉并掌握移动端分类展示图的设计要点。
2. 熟悉并掌握移动端分类展示图的设计思路。
3. 能够制作移动端分类展示图。

任务引入

张伟、王平接到制作“南山大集”移动端分类展示图的任务后，为了更好地完成设计任务，他们从网上收集资料，并找专业老师指导制作移动端分类展示图的要求和方法。

任务分析

移动端分类展示图与 PC 端商品分类图的作用基本一致，都是用来展示当前主推商品或者介绍店铺内商品种类、优惠等，只是因为移动端屏幕变小了，需要重新设计来吸引用户的关注。在制作移动端分类展示图之前，需要熟悉移动端分类展示图的设计要点和设计步骤。

相关知识

一、基础知识

1. 移动端分类展示图概述

移动端分类展示图用于解决网店上传商品过多、单页面显示内容少等问题，如图 8-3-1 所示。

2. 移动端分类展示图设计原则

从吸引用户的角度来讲，分类展示图要设计得清晰、明确，方便用户快速找到自己想要的商品。

从颜色搭配上来说，分类展示图要与主页的色调相协调，避免冲突。

图 8-3-1 移动端分类展示图

二、分类展示图制作

本例将制作移动端分类展示图，其具体操作如下：

1. 执行菜单栏中的“文件>新建”命令，在弹出的对话框中设置宽度为 750 像素，高度为 960 像素，分辨率为 72 像素 / 英寸，新建一个空白画布，效果如图 8-3-2 所示。

2. 选择矩形工具，在工具属性栏中设置填充为 #dff6e6，在图片的上方绘制 750 像素 ×960 像素的矩形，移动到合适位置，效果如图 8-3-3 所示。

图 8-3-2 新建空白画布　　图 8-3-3 绘制矩形 1

3. 选择矩形工具，在工具属性栏中设置填充为 #8cdaa1，在图片的上方绘制 328 像素 ×438 像素的矩形，移动到合适位置，效果如图 8-3-4 所示。

4. 导入“项目八任务 3 背景”素材图片，移动到左侧，效果如图 8-3-5 所示。

图 8-3-4　绘制矩形 2

图 8-3-5　导入“项目八任务 3 背景”素材图片

5. 导入“项目八任务 3 芋头”素材图片，移动到左侧，按【Alt】键与“矩形 7”建立剪切蒙版，效果如图 8-3-6 所示。

6. 选择横排文字工具，输入文字“南山芋头”，在工具属性栏中设置字体、字体大小、文本颜色分别为思源黑体、31 点、#20232e。

7. 选择横排文字工具，输入文字“¥6.6”，在工具属性栏中设置字体、字体大小、文本颜色分别为思源黑体、49 点、#20232e，效果如图 8-3-7 所示。

图 8-3-6　导入“项目八任务 3 芋头”素材图片

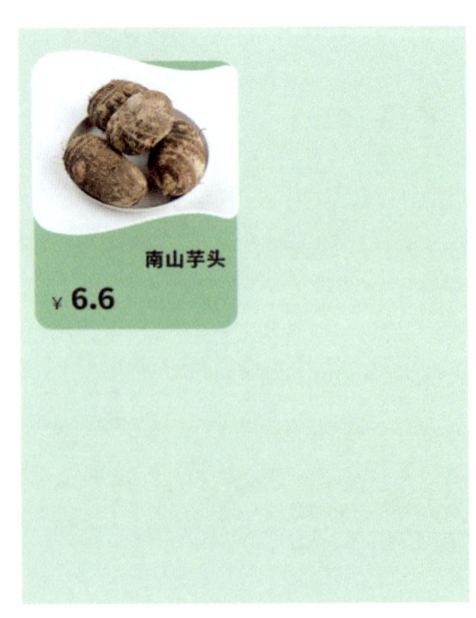

图 8-3-7　输入文字 1

8. 选择矩形工具，在工具属性栏中设置填充为 #8cdaa1，在图片的上方绘制 124 像素 ×52 像素的矩形，移动到左上角，效果如图 8-3-8 所示。

9. 选择横排文字工具，输入文字“立省 5 元”，在工具属性栏中设置字体、字体大小、文本颜色分别为思源黑体、16 点、#20232e，效果如图 8-3-9 所示。

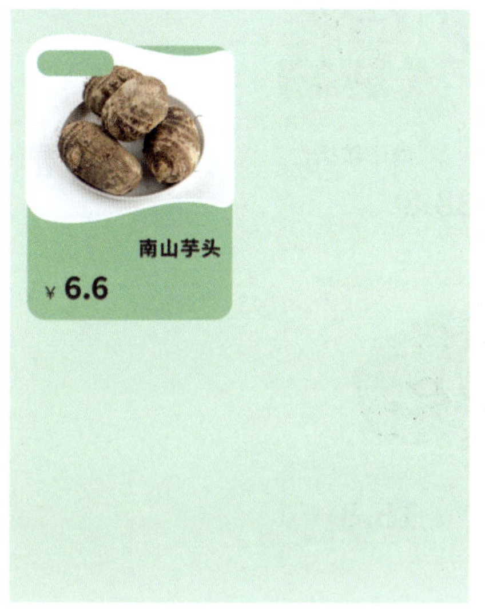

图 8-3-8 绘制矩形 3

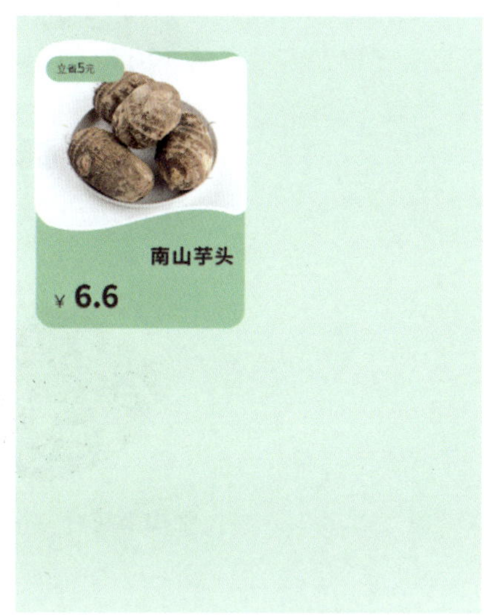

图 8-3-9 输入文字 2

10. 选择椭圆工具，在工具属性栏中设置填充为 #20232e，在图片的上方绘制 29 像素 ×29 像素的矩形，移动到适当位置，效果如图 8-3-10 所示。

11. 导入“项目八任务 3 心形”素材图片，移动到左侧，导入“项目八任务 3 十字”素材图片，并移动到右侧，效果如图 8-3-11 所示。

图 8-3-10 导入“项目八任务 3 心形”素材图片

图 8-3-11 导入“项目八任务 3 十字”素材图片

12. 按【Ctrl+J】键复制两个“南山核桃仁”和“南山葵花籽”矩形框，最终效果如图 8-3-12 所示。

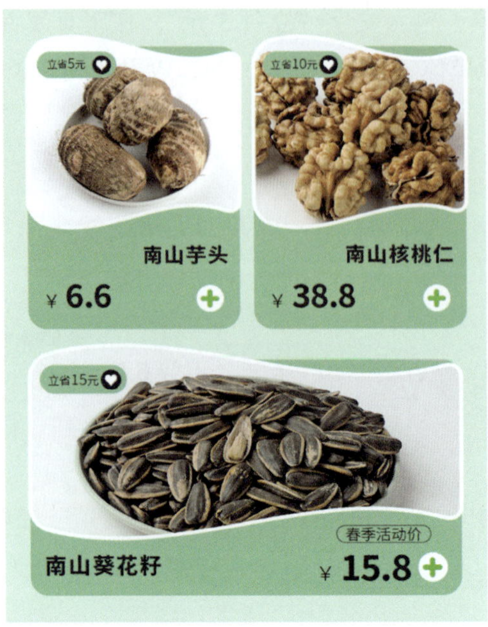

图 8-3-12 最终效果

任务实施

1. 各小组梳理完成“移动端分类展示图设计思路”和“移动端分类展示图要点”的思维导图。

2. 利用思维导图将本任务所学到的知识点进行小组讨论与总结。

3. 以下图为样本制作一张移动端分类展示图。

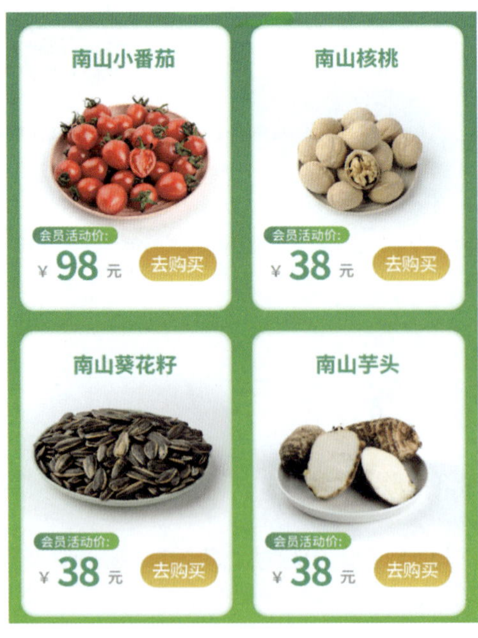

任务评价

任务完成后，请根据表 8-3-1 对小组任务完成情况进行评价。

表 8-3-1　　小组任务完成情况评价表

任务编号		任务名称		
小组名称		小组成员		
评价项目	评价内容	评价分值	得分	备注
信息收集	信息途径及资料收集整理情况	10		
掌握程度	熟练程度、应用条件	10		
计划制订	时间合理，分工明确，指令清晰	20		
执行过程	实施顺利，完成规定动作	25		
成果输出	成果有效，达到目标要求	20		
团队意识	小组合作，服从安排	5		
时间管理	遵守计划安排，规定时间完成	5		
学习态度	积极、主动、探究	5		

思考拓展

1. 移动端分类展示图与 PC 端分类展示图有哪些不同？
2. 为了提高移动端分类展示图的使用效果，你还有哪些想法？
3. 以“家乡特产店”为主题制作一张移动端分类展示图。

任务 4　移动端详情页设计

学习目标

1. 熟悉并掌握移动端详情页的设计要点。
2. 熟悉并掌握移动端详情页的设计思路。
3. 能够制作移动端详情页。

任务引入

张伟、王平接到制作“南山大集”移动端详情页的任务后，为了更好地完成设计任务，他们从网上收集资料，并找专业老师指导制作移动端详情页的要求和方法。

任务分析

移动端详情页与 PC 端详情页的作用基本一致，都是用来展示商品细节的，只是由于屏幕变小了，商品的卖点、店铺促销和优惠等信息都需要精简，但又不能降低商品细节的展示和说明。在制作移动端详情页之前，需要熟悉移动端详情页的设计要点和设计步骤。

相关知识

一、基础知识

1. 移动端详情页概述

移动端商品详情页与 PC 端商品详情页类似，其主要区别在于移动端商品详情页文字更少，多用图片表达，展现效果具有促销性，而且主要展示的是商品的细节，如图 8-4-1 所示。

图 8-4-1　移动端详情页

2. 移动端详情页设计要点

（1）一个主题占据一个页面

移动端设备以竖屏浏览模式为主，因此在商品详情页的设计上，每个板块的图片也应是竖版的，这样才能更高效地传达商品信息，给用户带来更加舒适的视觉感官体验。

（2）突出商品

移动端详情页的卖点展示应该更加精练。

（3）细节质感化

展示商品细节时，应将商品局部放大，使得商品更具品质感和视觉冲击力。同时也应注意图片的精度，要选择清晰、高质量的商品图片进行放大、裁剪操作。

3. 移动端详情页设计规范

（1）支持的格式

移动端详情页支持音频、图片和纯文本输入。每个移动端详情页至少要包含以上 3 种信息的其中一种才能发布成功，其中图片仅支持 JPEG、GIF 和 PNG 格式。

（2）详情页的大小

移动端详情页的总图片大小（图片 + 文字 + 音频）不得超过 1.5 MB。

（3）单张图片尺寸

单张图片的尺寸标准为620像素≥宽度≥480像素（宽度介于480像素到620像素之间），高度≤960像素（高度小于960像素）。

（4）音频

每个移动端详情页只能添加一个音频，时长不宜超过30秒，大小不超过200 KB，支持MP3格式。音频的内容可以围绕商品卖点、品牌故事、商品特色、商品优惠等展开。

（5）文字

移动端详情页中的文本总字数≤5 000，单个文本框输入字数≤500。文本内容中不区分中英文字符，当需要在图片上添加文字时，中文字体≥30字号，英文和阿拉伯数字≥20字号。

二、移动端详情页制作

本例将制作移动端详情页，其具体操作如下：

1. 执行菜单栏中的“文件>新建”命令，在弹出的对话框中设置宽度为750像素，高度为4 050像素，分辨率为72像素/英寸，新建一个空白画布，效果如图8-4-2所示。

2. 导入“项目八任务4背景”素材图片，并居中对齐，效果如图8-4-3所示。

图8-4-2　新建空白画布　　图8-4-3　导入“项目八任务4背景”素材图片

3. 导入“项目八任务4 logo”素材图片，并居中对齐，效果如图8-4-4所示。

4. 执行“图层样式>颜色叠加”命令，将logo改为#ffffff，效果如图8-4-5所示。

图 8-4-4　导入“项目八任务 4 logo”素材图片

图 8-4-5　颜色叠加

5. 导入“项目八任务 4 水花 1”素材图片，并居中对齐，效果如图 8-4-6 所示。

6. 导入“项目八任务 4 草莓 1”素材图片，并居中对齐，效果如图 8-4-7 所示。

图 8-4-6　导入“项目八任务 4 水花 1”素材图片

图 8-4-7　导入“项目八任务 4 草莓 1”素材图片

7. 执行“图层样式＞投影”命令，为“草莓 1”添加阴影，如图 8-4-8 所示。

8. 导入“项目八任务 4 水花 2”素材图片，并居中对齐，效果如图 8-4-9 所示。

图 8-4-8　添加阴影

图 8-4-9　导入“项目八任务 4 水花 2”素材图片

9. 选择横排文字工具，输入文字“南山草莓”，在工具属性栏中设置字体、字体大小、文本颜色分别为思源黑体、100 点、#ffffff，效果如图 8-4-10 所示。

10. 执行“图层样式>外发光”命令，为“南山草莓”添加外发光，如图 8-4-11 所示。

图 8-4-10　输入文字 1

图 8-4-11　外发光 1

11. 选择矩形工具，在工具属性栏中设置填充为 #ffffff，绘制 325 像素 ×45 像素的矩形，效果如图 8-4-12 所示。

12. 执行“图层样式＞外发光”命令，为“矩形1”添加外发光，效果如图8-4-13所示。

图 8-4-12　绘制矩形 1

图 8-4-13　外发光 2

13. 选择横排文字工具，输入文字“果形硕大 / 酸甜可口 / 新鲜自然”，在工具属性栏中设置字体、字体大小、文本颜色分别为思源黑体、20 点、#ffffff，效果如图 8-4-14 所示。

14. 选择竖排文字工具，输入文字“Big Fruit Shape/Sweet and Sour Taste / Fresh and Natura”，在工具属性栏中设置字体、字体大小、文本颜色分别为思源黑体、12 点、#ffffff，效果如图 8-4-15 所示。

图 8-4-14　输入文字 2

图 8-4-15　输入文字 3

15. 选择横排文字工具，输入文字“颗颗饱满　晶莹剔透”，在工具属性栏中设置字体、字体大小、文本颜色分别为思源黑体、72 点、#95572d。

16. 选择横排文字工具，输入文字“果实饱满剥开表皮晶莹剔透的肉质　咬一口清甜的汁水　好吃到停不下来”，在工具属性栏中设置字体、字体大小、文本颜色分别为思源黑体、24 点、#95572d，效果如图 8-4-16 所示。

17. 导入“项目八任务 4 草莓 2”素材图片，并居中对齐，效果如图 8-4-17 所示。

图 8-4-16　输入文字 4

图 8-4-17　导入“项目八任务 4 草莓 2”素材图片

18. 选择横排文字工具，输入文字“商品名称：草莓　商品规格：500 克　食用方法：即食　品牌名称：南山大集　存储方法：常温　质保期：12 天”，在工具属性栏中设置字体、字体大小、文本颜色分别为思源黑体、24 点、#434343，效果如图 8-4-18 所示。

19. 选择矩形工具，在工具属性栏中设置填充为 #434343，绘制 665 像素 ×1 像素的矩形，效果如图 8-4-19 所示。

图 8-4-18　输入文字 5

图 8-4-19　绘制矩形 2

20. 按【Ctrl+J】组合键复制两个“矩形 04”的条，效果如图 8-4-20 所示。

21. 选择横排文字工具，输入文字“实拍展示”，在工具属性栏中设置字体、字体大小、文本颜色分别为思源黑体、72 点、#95572d。

22. 选择横排文字工具，输入文字“南山草莓　无农药种植　自然生长　远离工业污染”，在工具属性栏中设置字体、字体大小、文本颜色分别为思源黑体、24 点、#95572d，效果如图 8-4-21 所示。

图 8-4-20　复制矩形

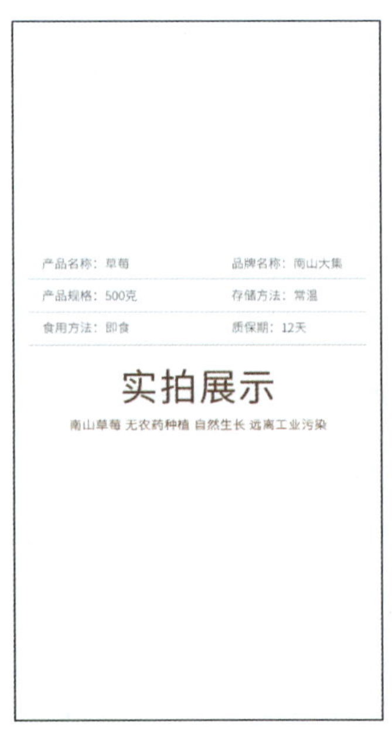

图 8-4-21　输入文字 6

23. 选择矩形工具，在工具属性栏中设置填充为 #c1c1c1，绘制 665 像素 ×425 像素的矩形，效果如图 8-4-22 所示。

24. 执行“图层样式>投影”命令，为“矩形 10”添加阴影，效果如图 8-4-23 所示。

图 8-4-22　绘制矩形 3

图 8-4-23　添加阴影

25. 导入“项目八任务 4 草莓 3”素材图片，并居中对齐，效果如图 8-4-24 所示。

26. 选择矩形工具，在工具属性栏中设置填充为 #ffffff，绘制 588 像素 ×81 像素的矩形，效果如图 8-4-25 所示。

图 8-4-24　导入“项目八任务 4 草莓 3”素材图片

图 8-4-25　绘制矩形 4

27. 选择矩形工具，在工具属性栏中设置填充为 #95572d，绘制 1 像素 ×36 像素的矩形，效果如图 8-4-26 所示。

28. 选择横排文字工具，输入文字“蜜汁充盈”，在工具属性栏中设置字体、字体大小、文本颜色分别为思源黑体、38 点、#ad794e。

29. 选择横排文字工具，输入文字“每一颗都甜到心坎”，在工具属性栏中设置字体、字体大小、文本颜色分别为思源黑体、25 点、#ad794e，效果如图 8-4-27 所示。

图 8-4-26　绘制矩形 5

图 8-4-27　输入文字 7

30. 按【Ctrl+J】组合键复制两个“晶莹剔透”和“Q 弹肉质”的卖点模块，最终效果如图 8-4-28 所示。

图 8-4-28　最终效果

任务实施

1. 各小组梳理完成“移动端详情页设计思路”和“移动端详情页设计要点”的思维导图。

2. 利用思维导图将本任务所学到的知识点进行小组讨论与总结。

3. 以下图为样本制作移动端详情页。

任务评价

任务完成后，请根据表 8-4-1 对小组任务完成情况进行评价。

表 8-4-1　小组任务完成情况评价表

任务编号		任务名称		
小组名称		小组成员		
评价项目	评价内容	评价分值	得分	备注
信息收集	信息途径及资料收集整理情况	10		
掌握程度	熟练程度、应用条件	10		
计划制订	时间合理，分工明确，指令清晰	20		
执行过程	实施顺利，完成规定动作	25		
成果输出	成果有效，达到目标要求	20		
团队意识	小组合作，服从安排	5		
时间管理	遵守计划安排，规定时间完成	5		
学习态度	积极、主动、探究	5		

思考拓展

1. 移动端详情页与 PC 端详情页有哪些不同?
2. 为了提高移动端详情页的使用效果，你还有哪些想法?
3. 以“家乡特产店”为主题制作移动端详情页。

项目九　网店视觉优化

项目引入

网店视觉设计是为网店运营服务的，为了满足网店运营的要求，从网店视觉发布之日起，一直到网店关闭，都需要进行一个长期的网店视觉优化过程。

项目背景

“南山大集”网店已经运营了一段时间，虽然网店运营团队不断调整，但店铺销售依旧不见起色。公司为了解决这个问题，让张伟、王平两位同学加入运营组，希望通过优化网店视觉来提升网店的运营效果。

任务1　主图优化

学习目标

1. 熟悉并掌握主图优化的方法。
2. 能够分析主图的修改思路。
3. 能够对主图进行优化。

任务引入

张伟、王平在进入运营组之后，希望从优化主图开始优化网店视觉。他们通过网络查找相关资料，并找专业老师指导通过店铺数据来优化主图的思路和方法。

任务分析

用户进入详情页之前，首先看到的是主图，只有用户对主图产生了兴趣，才会点击浏览详情页。因此，从主图开始做优化是一个很好的选择。

相关知识

一、基础知识

在优化主图之前，需要先了解与主图设计有关的概念。

1. 关键词

关键词可以是商品的名称、特性、功能等词汇，有的时候也可能是短句，如梨、手机、黄色的梨、孕妇用的手机等，用户可以通过关键词搜索商品，卖家可以通过给商品绑定关键词让用户更容易搜索到。

在网店视觉设计中，能够将关键词很好地展示出来，既不突兀又重点明晰，是考验设计师的一项重要指标。

2. 访问量

访问量是指用户进入店铺的次数。日访问量即每日用户进入店铺的平均次数。月访问量即每月用户进入店铺的平均次数。

影响访问量的主要因素有：

（1）主图

电商平台将无数店家的商品展示在平台橱窗中，一个好的主图设计能够让用户优先点击进入店铺，增加店铺访问量。

（2）推广图

使用直通车图、钻展图等推广图，能够有效地增加店铺曝光度，一个好的推广图能够吸引用户进入店铺，增加店铺访问量。

二、优化思路

1. 用户行为心理分析

用户在搜索商品后会得到商品列表，该列表中包括商品标题、商品价格、商品主图、付款人数等信息，而这些信息都能够影响用户点击该商品的可能性。就主图来说，更符合用户需求的主图肯定会获得更多的点击，因此主图的文案与商品图片设计是满足用户需求的关键。

例如，用户搜索关键词“孕妇　核桃”后，搜索结果如图 9-1-1 所示，其中第一个商品将有可能获得用户的优先点击，因为该主图展现的内容与用户所搜索的“孕妇　核桃”的相关性高于其他商品主图。实际上，每个关键词背后都是一个消费需求，搜索“孕妇”和“核桃”的用户显然有两个需求，一是商品必须是核桃，二是核桃要适合孕妇食用。

图 9-1-1　搜索结果

2. 主图内容优化分析

如图 9-1-2 所示是之前设计的小番茄主图，在运营人员处获取到当前店铺日访问量为 102 人次，相较于生鲜类店铺 210 人次的日平均访问量而言，访问量是相对较低的，对于主图设计而言可能存在的问题是关键字展示不明晰、商品图片主体不突出等。

图 9-1-2　小番茄主图

经过行业数据分析，可以得出4个与商品相关的关键词，分别是“小番茄”“无公害小番茄”“1斤装小番茄”“包邮”。基于用户需求分析，得出了以下结论：

- 用户希望买到的小番茄是无公害小番茄。
- 用户希望买到的是1斤装小番茄。
- 用户希望卖家承担运费。

根据不同的需求，可设计以下不同的优化方案：

- 对于需求一，用户希望买到的是无公害小番茄。小番茄的外形几乎一致，从外形很难判断是否是南山小番茄，因此可用文案来提醒用户该商品就是无公害小番茄。当前主图虽有小番茄，但是文案效果不是很突出，因此需要改进。
- 对于需求二，用户希望买到的是小包装的小番茄。而当前主图中是5斤的包装，需要增加1斤装的商品并展示价格。
- 对于需求三，用户希望卖家承担运费，当前主图没有体现，优化方案是在主图上体现包邮信息。

三、主图优化实施

在分析出用户需求后，针对性地进行如下主图优化：

1. 执行菜单栏中的“文件>新建”命令，在弹出的对话框中设置宽度为750像素，高度为1 000像素，分辨率为72像素/英寸，新建一个空白画布，效果如图9-1-3所示。

2. 导入“项目九任务1边框”素材图片，将其居中对齐，效果如图9-1-4所示。

图9-1-3　新建空白画布

图9-1-4　导入“项目九任务1边框”素材图片

3. 导入“项目九任务1番茄”素材图片，将其置于“边框”图层下面，调整图片大小和位置，效果如图 9-1-5 所示。

4. 选择矩形工具，在工具属性栏中设置填充为空，描边为 #ecd1ae、1 像素，绘制 750 像素 ×855 像素的矩形，效果如图 9-1-6 所示。

图 9-1-5　导入“项目九任务 1 番茄”素材图片

图 9-1-6　绘制矩形 1

5. 选择矩形工具，在工具属性栏中设置填充为 #ecd1ae，绘制 750 像素 ×60 像素的矩形，效果如图 9-1-7 所示。

6. 执行“图层样式>渐变叠加”命令，为“矩形 3”添加渐变叠加，设置渐变为 ffdab9、ffe4c4、ffebcd、ffefd5、ffebcd、ffe4c4、ffdab9，效果如图 9-1-8 所示。

图 9-1-7　绘制矩形 2

图 9-1-8　渐变叠加

7. 使用钢笔工具绘制如图 9-1-9 所示翻卷效果前半部分，设置颜色为 #258355。

8. 执行“图层样式>投影”命令，为“图形 1”添加渐变投影，效果如图 9-1-10 所示。

图 9-1-9　绘制前半部分

图 9-1-10　添加投影

9. 使用钢笔工具绘制如图 9-1-11 所示翻卷效果后半部分，设置颜色为 #258355。

10. 使用钢笔工具绘制如图 9-1-12 所示倒圆角梯形，设置颜色为 #148f50。

图 9-1-11　绘制后半部分

图 9-1-12　绘制倒圆角梯形

11. 导入“项目九任务 1 logo”素材图片，置于顶部居中位置，效果如图 9-1-13 所示。

12. 执行“图层样式>颜色叠加”命令，将 logo 改为 #ffffff，效果如图 9-1-14 所示。

图 9-1-13 导入“项目九任务 1 logo”素材图片

图 9-1-14 颜色叠加

13. 选择横排文字工具，输入文字“包邮 500 克一斤装”，在工具属性栏中设置字体、字体大小、文本颜色分别为思源黑体、60 点、#ffffff，效果如图 9-1-15 所示。

14. 选择横排文字工具，输入文字“无农药 / 无化肥 / 无激素 / 无转基因”，在工具属性栏中设置字体、字体大小、文本颜色分别为思源黑体、25 点、#148f50，效果如图 9-1-16 所示。

图 9-1-15 输入文字 1

图 9-1-16 输入文字 2

15. 选择横排文字工具，输入文字“活动价：”，在工具属性栏中设置字体、字体大小、文本颜色分别为思源黑体、30 点、#f0feda，效果如图 9-1-17 所示。

16. 选择横排文字工具，输入文字“¥9.9”，在工具属性栏中设置字体、字体大小、文本颜色分别为思源黑体、50 点、100 点、#f0feda，效果如图 9-1-18 所示。

图 9-1-17 输入文字 3

图 9-1-18 输入文字 4

17. 选择横排文字工具，输入文字“新鲜看得见 自然好味道”，在工具属性栏中设置字体、字体大小、文本颜色分别为思源黑体、64 点、#ffffff，最终效果如图 9-1-19 所示。

图 9-1-19 最终效果

任务实施

1. 各小组梳理完成“主图优化设计思路”和“主图优化设计要点”的思维导图。
2. 利用思维导图将本任务所学到的知识点进行小组讨论与总结。
3. 为下图进行主图优化设计。

任务评价

任务完成后，请根据表 9-1-1 对小组任务完成情况进行评价。

表 9-1-1　　小组任务完成情况评价表

任务编号		任务名称		
小组名称		小组成员		
评价项目	评价内容	评价分值	得分	备注
信息收集	信息途径及资料收集整理情况	10		
掌握程度	熟练程度、应用条件	10		
计划制订	时间合理，分工明确，指令清晰	20		
执行过程	实施顺利，完成规定动作	25		
成果输出	成果有效，达到目标要求	20		
团队意识	小组合作，服从安排	5		
时间管理	遵守计划安排，规定时间完成	5		
学习态度	积极、主动、探究	5		

思考拓展

1. 不同行业的商品主图都有哪些区别?
2. 商品主图优化还有哪些方法?
3. 优化一张商品主图。

任务 2　推广图优化

学习目标

1. 熟悉并掌握推广图优化的方法。
2. 能够分析推广图的修改思路。
3. 能够对推广图进行优化。

任务引入

张伟、王平在完成商品主图优化后，下一个任务就是推广图优化。他们通过网络查找相关资料，并找专业老师指导通过店铺数据来优化推广图的思路和方法。

任务分析

除了店铺搜索之外，让用户进入店铺的最好方法就是通过直通车、钻展等付费推广来吸引用户。付费推广会提供给店铺一系列特有数据，便于针对性地对推广图进行优化，以提升访问量和成单量。

相关知识

一、基础知识

在进行推广图优化之前，需要先了解一下相关参数。

1. 展示量

展示量是指推广图被用户看到的数量，是付费推广中最重要的指标之一。

2. 点击量

点击量是指用户点击推广图的数量，一个点击量就是一个访客。

3. 点击率

点击率是指点击量与展示量的比值，是付费推广的核心数据，直接影响计划权重和质量分数，进而影响平均点击扣费，是进行推广图优化的核心指标。

4. 交易总数

交易总数是指通过推广图带来的订单数量。

5. 点击转化率

点击转化率是指通过推广图进店成单人数与通过推广图进店人数的比率，转化率越高带来的收益就越大，是检验推广图推广效果的核心指标。

二、优化思路

1. 用户行为心理分析

用户进入电商平台首页，首先会看到广告区钻展图，在钻展图上可以看到商品标题、商品主图、店铺活动等信息，而这些信息都能够影响用户点击该商品的可能性。电商平台通过 AI 用户画像等手段能够在用户进入电商平台时推送给用户可能要购买的商品，这时钻展图上的信息能否满足用户的需求就成了最为关键的因素。

例如，用户早上在搜索引擎上搜索“早上吃什么水果好”“水果餐的做法”等，中午用户再打开购物平台时，平台钻展位会出现如图 9-2-1 所示的效果。可以发现推荐的商品大概率就是用户所需要的商品，并且满足用户关于“水果”的目标需求。

图 9-2-1　搜索结果

2. 推广图内容优化分析

如图 9-2-2 所示是之前设计的花生推广图，在运营人员处得知当前展示量为 21 034 次，点击量为 1 134 人次，点击率为 5.3%，交易总量为 12 次，点击转化率为 1.05%，相较于同行业平均水平都处在非常低的位置，对于推广图设计而言可能存在图片吸引力不足、文案内容与购买关键词不符等问题。

就关键字的问题经研究后，店铺购买了“当季新鲜花生”“南山大集”“生花生”“花生带壳”“包邮现发”五个关键词，并基于用户需求分析，得出了以下结论：

- 用户希望买到的花生是带壳花生；
- 用户希望买到的花生是生花生；
- 用户希望买到的是当季新鲜花生；
- 用户希望买到无公害农商品。

图 9-2-2　钻展图

根据不同的需求，可设计以下不同的优化方案：

• 对于需求一，用户希望买到的是带壳花生。花生可以是带壳花生、花生米等多种形式，既然用户想买到的是带壳花生，那么在选择商品图片时，尽量选择带壳花生，当前商品图虽然有带壳花生，但是并不明显，因此需要改进。

• 对于需求二，用户希望买到的是生花生。生花生和熟花生从外观上较难分辨出，可用文案来提醒用户该商品是生花生。当前推广图虽有生花生，但是文案效果不是很突出，需要改进。

• 对于需求三，用户希望买到的是当季新鲜花生。在当前推广图中，花生比较多，但没有任何表现出“新鲜”“应季”等元素，所以应针对性地传递现采直发的卖点。

• 对于需求四，用户希望卖家承担运费，当前推广图没有体现，优化方案是在推广图上体现包邮信息。

三、推广图优化实施

在分析出用户需求后，针对性地进行如下推广图优化：

1. 执行菜单栏中的“文件＞新建”命令，在弹出的对话框中设置宽度为 640 像素，高度为 200 像素，分辨率为 72 像素 / 英寸，新建一个空白画布，效果如图 9-2-3 所示。

图 9-2-3　新建空白画布

2. 导入“项目九任务 2 背景”素材图片，并居中对齐，效果如图 9-2-4 所示。

3. 导入“项目九任务 2 logo”素材图片，并居中对齐，效果如图 9-2-5 所示。

4. 执行“图层样式＞颜色叠加”命令，将 logo 改为 #6f1d00，效果如图 9-2-6 所示。

图 9-2-4　导入“项目九任务 2 背景”素材图片

图 9-2-5　导入“项目九任务 2 logo”素材图片

图 9-2-6　颜色叠加

5. 选择横排文字工具，输入文字“原产地打包顺丰包邮”，在工具属性栏中设置字体、字体大小、文本颜色分别为苹方、4 点、#6f1d00。

6. 选择横排文字工具，输入文字“南山甄选　红皮花生”，在工具属性栏中设置字体、字体大小、文本颜色分别为思源黑体、10 点、#f6f1d00，效果如图 9-2-7 所示。

图 9-2-7　输入文字 1

7. 选择矩形工具，在工具属性栏中设置填充为 #f6f1d00，绘制 170 像素 ×20 像素的矩形，效果如图 9-2-8 所示。

图 9-2-8 绘制矩形

8. 选择横排文字工具，输入文字“吃花生还是吃当季的好”，在工具属性栏中设置字体、字体大小、文本颜色分别为思源黑体、11 点、#bb7333，效果如图 9-2-9 所示。

图 9-2-9 输入文字 2

9. 选择横排文字工具，输入文字“立即抢购>>”，在工具属性栏中设置字体、字体大小、文本颜色分别为思源黑体、4 点、#dc0f0f，最终效果如图 9-2-10 所示。

图 9-2-10 最终效果

任务实施

1. 各小组梳理完成“推广图优化设计思路”和“推广图优化设计要点”的思维

导图。

2. 利用思维导图将本任务所学到的知识点进行小组讨论与总结。

3. 为下图进行优化设计。

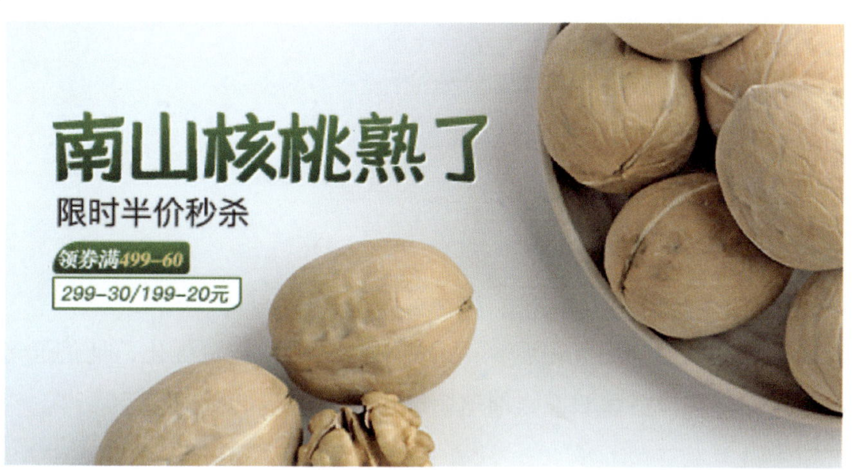

任务评价

任务完成后，请根据表 9-2-1 对小组任务完成情况进行评价。

表 9-2-1　　小组任务完成情况评价表

任务编号		任务名称		
小组名称		小组成员		
评价项目	评价内容	评价分值	得分	备注
信息收集	信息途径及资料收集整理情况	10		
掌握程度	熟练程度、应用条件	10		
计划制订	时间合理，分工明确，指令清晰	20		
执行过程	实施顺利，完成规定动作	25		
成果输出	成果有效，达到目标要求	20		
团队意识	小组合作，服从安排	5		
时间管理	遵守计划安排，规定时间完成	5		
学习态度	积极、主动、探究	5		

思考拓展

1. 不同行业的网店推广图都有哪些区别？

2. 网店推广图优化还有哪些方法？

3. 优化一张网店推广图。

任务3　详情页优化

学习目标

1. 熟悉并掌握详情页优化的方法。
2. 能够分析详情页的修改思路。
3. 能够对详情页进行优化。

任务引入

张伟、王平在完成推广图优化后，下一个任务就是详情页优化，他们通过网络查找相关资料，并找专业老师指导通过店铺数据优化详情页的思路和方法。

任务分析

详情页的作用是促成用户下单，对详情页进行优化可以提升店铺的成单率，这里可以参考的指标是最多的，但也是最难调整的。

相关知识

一、基础知识

在优化详情页之前，需要先了解与其相关的数据。

1. 平均停留时长

平均停留时长是指在店铺内某一页面的平均停留时间，这一页面一般指首页或者商品详情页。影响停留时长的主要因素有：

- 创意：好的创意能够吸引用户的关注，并产生购物的冲动。
- 商品展示：详情页中商品展示方法和逻辑必须符合用户的需求。
- 文案：好的文案能够为用户创造使用场景和需求，可以促进用户成单。
- 体验：网店视觉设计必须符合用户浏览习惯、缩减用户检索时间，以此提升用户主动停留时长，促进用户成单。

2. 浏览量

浏览量是指用户进入店铺不同页面的次数，人均浏览量为用户进入店铺不同页面的平均次数。浏览量一般与以下因素有关：

（1）详情页

好的详情页能够增加用户浏览量和停留时长。

（2）营销策略

销售策略的应用也可以提升浏览量，如在上衣的详情页内搭配裤子的链接，就能够很好地提升用户浏览量。

人均浏览量与主图、详情页、文案、营销策略等都存在直接关联，人均浏览量高的店铺往往转化率高，客单价也高，复购率亦然。

3. 转化率

转化率是指成单人数与进店人数的比率，计算方法为：转化率 =（成单人数 / 进店人数）× 100%。

影响转化率的主要因素有：

- 商品描述：商品展示图片与描述很大程度上决定了转化率的高低。
- 目标用户：店铺的定价和定位必须符合目标用户的需求。
- 评价：评价对于店铺是尤为重要的，直接影响用户对店铺的好感度，对于成单率而言是核心的指标，特别是负面评价。
- 客服：客服对于成单的最后一步起到至关重要的作用。

4. 跳失率

跳失是指用户进入店铺后没有前往下一个页面也没有成单的访问。跳失率是指跳失占总访问人次的比率。跳失率越高，证明店铺与目标用户群之间的兼容性越差，或者没有体现出商品特性，缺乏吸引力。解决跳失率高一般有以下方法：

（1）提升商品展示关联性

跳失率高有一种情况是商品价格、主图足够吸引用户的注意，但是详情页存在与主图关联性差的问题，或者主图存在虚假宣传引流的问题，因此增加商品主图与详情页的关联性，可以有效降低跳失率。

（2）优化详情页面

跳失率高的另一种情况是商品主图将用户吸引进店铺，但是详情页不能解决用户的问题，或者无法引起其购买欲望，因此优化详情页是一个很好的解决办法。

（3）优化页面结构

跳失率高还有一种情况是用户在进入店铺后，找不到需要进一步了解的页面或者店铺主页、活动页等，让用户不得不转向其他店铺。因此，好的店铺页面结构能方便用户在店铺内浏览商品，增加浏览量。

二、优化思路

1. 详情页注意事项

一个商品的转化能力除与价格、销量、评价等有关外，还与详情页有很大关系，用户会通过详情页对商品进行了解并最终下单。设计并制作一个详情页需注意以下几点：

● 以用户为中心：详情页不能完全根据店铺自我喜好想当然地进行设计，而是要根据用户群和商品特点进行设计。

● 设计风格统一：详情页要与主图、商品标题相契合，必须真实地介绍出商品的属性。

● 准确定位商品：根据店铺商品以及对市场调查结果的分析，精准定位商品的消费群体。

● 挖掘商品卖点：整理出用户所关注的问题、同品的优缺点，以及自身商品的特点、优势，针对消费群体挖掘出本店商品的卖点。

● 排版要让用户满意：详情页要按照正常的浏览习惯顺序进行排版，不同类别商品排序会不一样，可以通过参考同类优秀店铺热销商品详情页制作顺序来优化自己的详情页。

2. 用户行为心理分析

如图 9-3-1 所示是之前设计的详情页，在运营人员处得知当前该页面平均停留时长为 29 秒，浏览量为 118 人次，转化率为 0.14%，跳失率为 58.2%，相较于同行业平均水平都处在非常低的位置，对于详情页设计而言可能存在风格不统一、文案表达不清楚、排版不符合浏览习惯等问题。

图 9-3-1　详情页

除数据反馈出来的问题外，还需要从用户关心的点、目前详情页不足的点和优化改进的方法三个方面来考虑优化思路，详情页的具体修改思路如下：

- 增加“坏果全赔”信息；
- 以价格便宜作为卖点；
- 以包装精美作为卖点；
- 以个头比较大作为卖点；
- 以果子是自然熟，绿色健康无污染作为卖点。

三、详情页优化实施

在分析出用户需求后，针对性地进行如下详情页优化：

1. 执行菜单栏中的“文件>新建”命令，在弹出的对话框中设置宽度为 750 像素，高度为 7 340 像素，分辨率为 72 像素 / 英寸，新建一个空白画布，效果如图 9-3-2 所示。

图 9-3-2　新建空白画布

2. 导入“项目九任务 3 草莓 1”素材图片，并居中对齐，效果如图 9-3-3 所示。

3. 导入“项目九任务 3 logo”素材图片，将其居中对齐，效果如图 9-3-4 所示。

图 9-3-3　导入“项目九任务 3 草莓 1”素材图片

图 9-3-4　导入“项目九任务 3 logo”素材图片

4. 执行“图层样式>颜色叠加”命令，将 logo 改为 #b73044，效果如图 9-3-5 所示。

5. 选择横排文字工具，输入文字“南山草莓　新鲜现摘草莓”，在工具属性栏中设置字体、字体大小、文本颜色分别为思源黑体、72 点、#b73044，效果如图 9-3-6 所示。

图 9-3-5　颜色叠加

图 9-3-6　输入文字 1

6. 选择矩形工具，在工具属性栏中设置填充为 #ffffff，绘制 390 像素 ×40 像素的矩形，如图 9-3-7 所示。

7. 执行“图层样式>外发光”命令，为“矩形 1”添加外发光。

8. 选择横排文字工具，输入文字“新鲜直达·美味直达”，在工具属性栏中设置字体、字体大小、文本颜色分别为思源黑体、24 点、#5a4217，效果如图 9-3-8 所示。

图 9-3-7　绘制矩形 1

图 9-3-8　输入文字 2

9. 选择矩形工具，在工具属性栏中设置填充为 #e84059，绘制 235 像素 ×52 像素的矩形，效果如图 9-3-9 所示。

10. 选择横排文字工具，输入文字“南山草莓”，在工具属性栏中设置字体、字体大小、文本颜色分别为思源黑体、35 点、#ffffff，效果如图 9-3-10 所示。

图 9-3-9　绘制矩形 2

图 9-3-10　输入文字 3

11. 选择横排文字工具，输入文字“蜜汁美味不可挡　赶快来尝鲜～～”，在工具属性栏中设置字体、字体大小、文本颜色分别为思源黑体、72 点、#b73044。

12. 选择横排文字工具，输入文字“生活在北纬 36.6° 的温带季风气候，这一生都在最宜居环境中，天生赢在起跑线”“充足阳光　丰富的降雨量　适宜的地理环境特别适合草莓生长”，在工具属性栏中设置字体、字体大小、文本颜色分别为思源黑体、28 点、#b73044，效果如图 9-3-11 所示。

13. 选择矩形工具，在工具属性栏中设置填充为 #b8b8b8，绘制 668 像素 ×500 像素的矩形，如图 9-3-12 所示。

14. 导入“项目九任务 3 草莓 2”素材图片，并居中对齐，效果如图 9-3-13 所示。

15. 选择矩形工具，在工具属性栏中设置填充为 #e84059，绘制 750 像素 ×1 300 像素的矩形，效果如图 9-3-14 所示。

16. 选择横排文字工具，输入文字“原产地发货　滋味新鲜如初”，在工具属性栏中设置字体、字体大小、文本颜色分别为思源黑体、70 点、#ffffff。

17. 导入“项目九任务 4 装饰”素材图片，并居中对齐。

18. 选择横排文字工具，输入文字“原产地发货，避免二次包装，不破坏细胞壁，不流失组织液，做到保持刚刚从树上摘下来的口感，像当地人那样享用原汁原味的新鲜。”，在工具属性栏中设置字体、字体大小、文本颜色分别为思源黑体、36 点、#ffffff，效果如图 9-3-15 所示。

19. 执行“图层样式＞投影”命令，为上述文字添加投影，效果如图 9-3-16 所示。

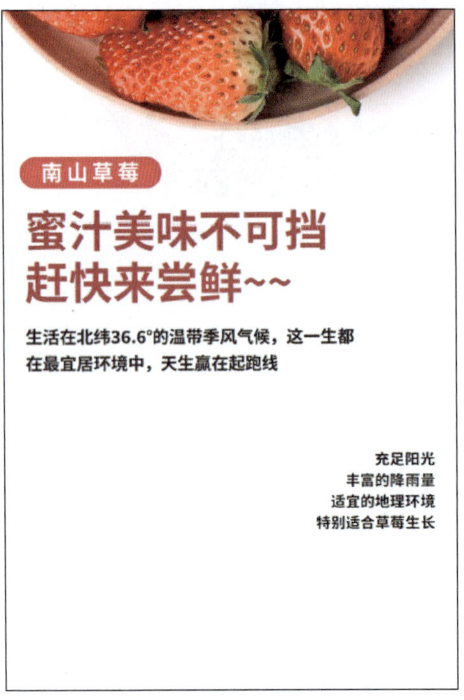

图 9-3-11　输入文字 4

图 9-3-12　绘制矩形 3

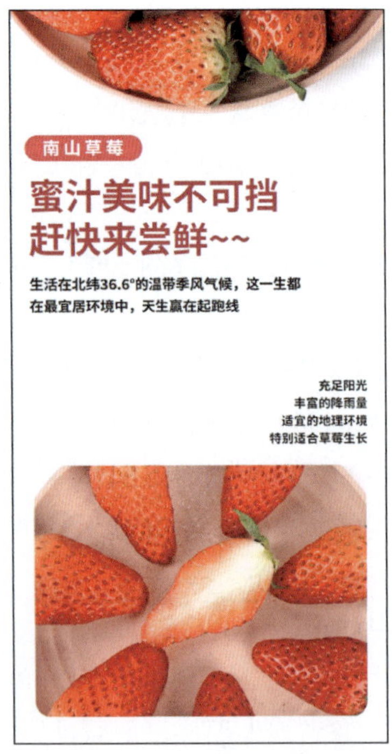

图 9-3-13　导入“项目九任务 3 草莓 2”素材图片

图 9-3-14　绘制矩形 4

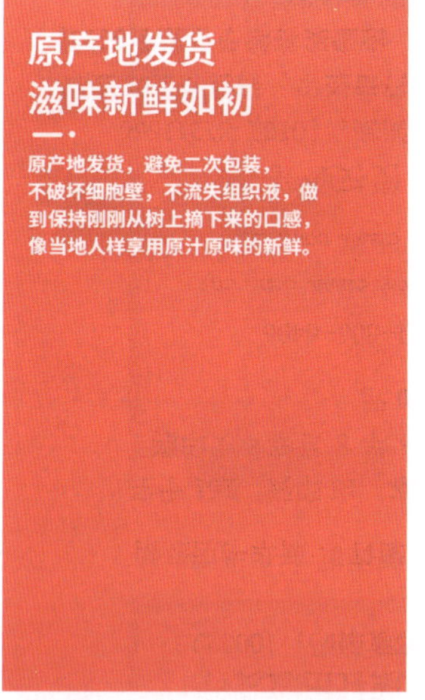

图 9-3-15　输入文字 5

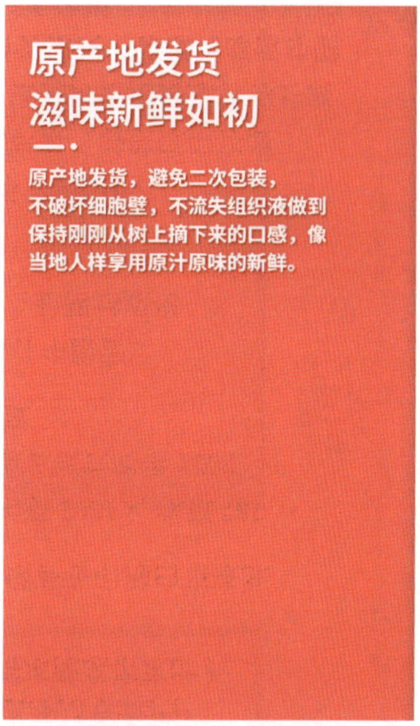

图 9-3-16　添加投影

20. 选择椭圆工具，在工具属性栏中设置填充为 #b73044，绘制 135 像素 ×135 像素的椭圆，效果如图 9-3-17 所示。

21. 选择横排文字工具，输入文字“高山生长”，在工具属性栏中设置字体、字体大小、文本颜色分别为思源黑体、36 点、#ffffff，如图 9-3-18 所示。

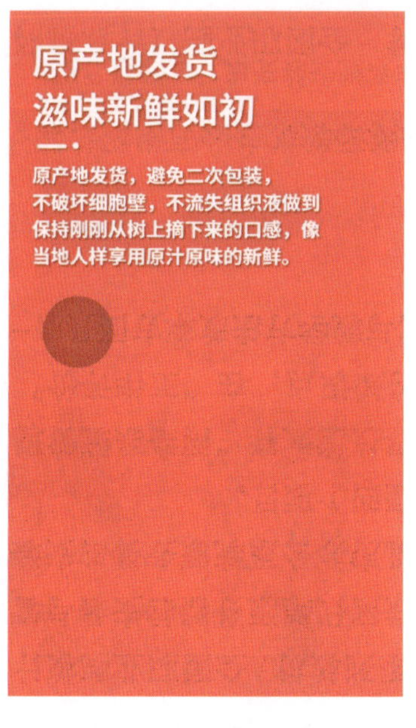

图 9-3-17　绘制椭圆

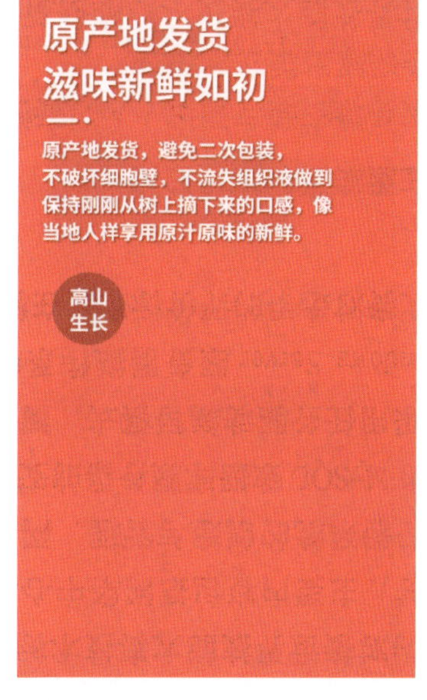

图 9-3-18　输入文字 6

22. 执行“图层样式＞投影”命令，为上述文字添加投影，效果如图 9-3-19 所示。

23. 按【Ctrl+J】组合键复制“自然晾晒”“山泉灌溉”和“精心挑选”的卖点模块，

效果如图 9-3-20 所示。

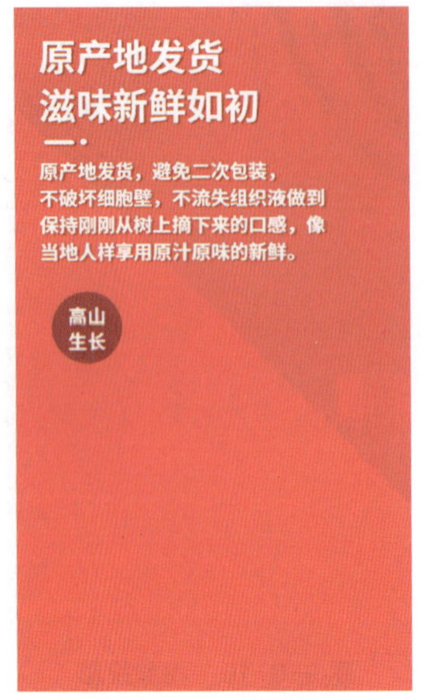

图 9-3-19 添加投影

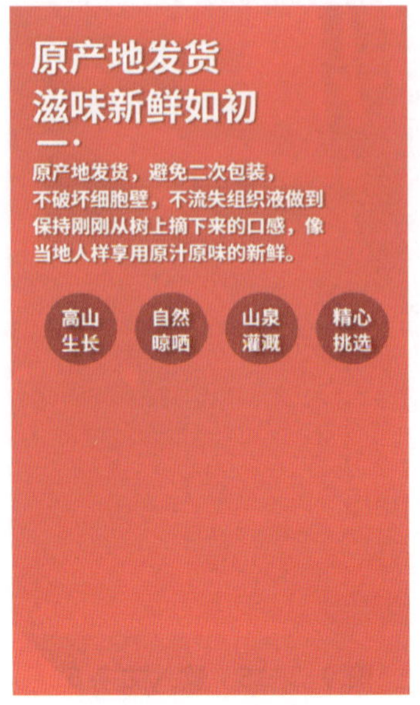

图 9-3-20 复制元素

24. 选择矩形工具，在工具属性栏中设置填充为 #b8b8b8，绘制 668 像素 ×500 像素的矩形，效果如图 9-3-21 所示。

25. 导入“项目九任务 3 草莓 3”素材图片，并居中对齐，效果如图 9-3-22 所示。

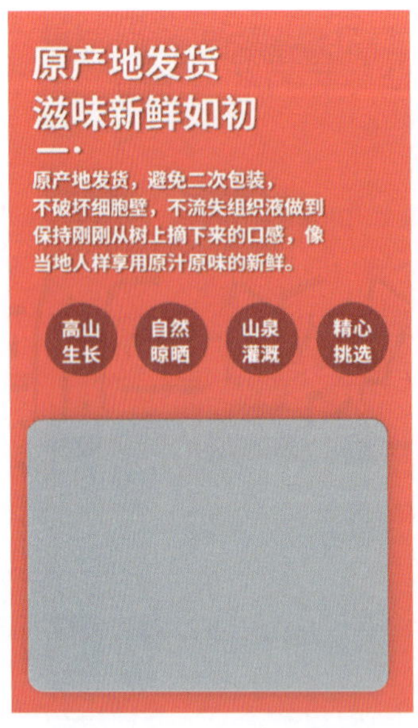

图 9-3-21 绘制矩形 5

图 9-3-22 导入“项目九任务 3 草莓 3”素材图片

26. 选择横排文字工具，输入文字“商品实拍展示”，在工具属性栏中设置字体、字体大小、文本颜色分别为思源黑体、70 点、#ffffff，效果如图 9-3-23 所示。

27. 选择矩形工具，在工具属性栏中设置填充为 #fafb2，绘制 668 像素 ×500 像素的矩形，效果如图 9-3-24 所示。

图 9-3-23　输入文字 7

图 9-3-24　绘制矩形 6

28. 导入“项目九任务 3 草莓 4”素材图片，并居中对齐，效果如图 9-3-25 所示。

29. 选择矩形工具，在工具属性栏中设置填充为 #ffffff，绘制 60 像素 ×5 像素的矩形，效果如图 9-3-26 所示。

图 9-3-25　导入“项目九任务 3 草莓 4”素材图片

图 9-3-26　绘制矩形 7

30. 选择横排文字工具，输入文字“# 温度 #”，在工具属性栏中设置字体、字体大小、文本颜色分别为思源黑体、35 点、#ffffff。

31. 选择横排文字工具，输入文字“亚热带地区，温暖湿润气候，冬季短期低温。”，在工具属性栏中设置字体、字体大小、文本颜色分别为思源黑体、26 点、#ffffff，效果如

图 9-3-27 所示。

32. 按【Ctrl+J】组合键复制“水分”“土壤”和“光照”的卖点模块，效果如图 9-3-28 所示。

图 9-3-27　输入文字 8

图 9-3-28　复制元素

33. 按照项目七任务 3 的操作流程完成详情页规格区制作，效果如图 9-3-29 所示。

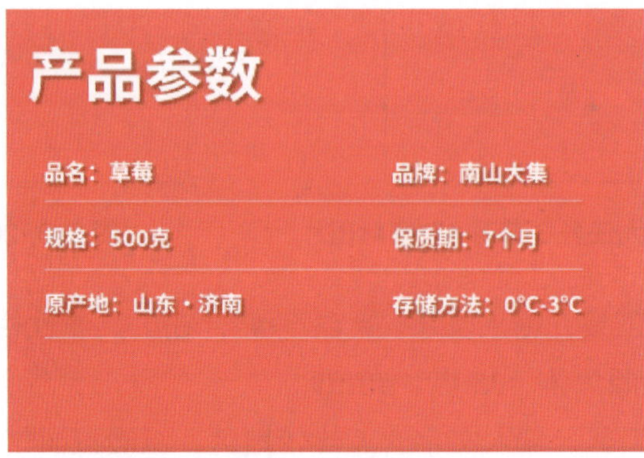

图 9-3-29　制作详情页规格区

34. 按照项目七任务 4 的操作流程完成详情页购买须知制作，效果如图 9-3-30 所示。

图 9-3-30 制作详情页购买须知

35. 完成详情页优化，最终效果如图 9-3-31 所示。

图 9-3-31 最终效果

任务实施

1. 各小组梳理完成“详情页优化设计思路”和“详情页优化设计要点”的思维导图。
2. 利用思维导图将本任务所学到的知识点进行小组讨论与总结。
3. 为下图进行优化设计。

任务评价

任务完成后，请根据表 9-3-1 对小组任务完成情况进行评价。

表 9-3-1 小组任务完成情况评价表

任务编号		任务名称		
小组名称		小组成员		
评价项目	评价内容	评价分值	得分	备注
信息收集	信息途径及资料收集整理情况	10		
掌握程度	熟练程度、应用条件	10		
计划制订	时间合理，分工明确，指令清晰	20		
执行过程	实施顺利，完成规定动作	25		
成果输出	成果有效，达到目标要求	20		
团队意识	小组合作，服从安排	5		
时间管理	遵守计划安排，规定时间完成	5		
学习态度	积极、主动、探究	5		

思考拓展

1. 不同行业的网店详情页都有哪些区别？
2. 网店详情页优化还有哪些方法？
3. 优化一个网店详情页。